IMPACT
Reshaping Capitalism to Drive
Real Change

影响力投资

商业和资本助力可持续发展

[英] 罗纳德·科恩（Sir Ronald Cohen） ——— 著

孙含晖　蒋昱廷 ——— 译

图书在版编目（CIP）数据

影响力投资：商业和资本助力可持续发展/（英）罗纳德·科恩（Sir Ronald Cohen）著；孙含晖，蒋昱廷译. —北京：机械工业出版社，2022.8

书名原文：Impact: Reshaping Capitalism to Drive Real Change

ISBN 978-7-111-71828-4

I. ①影⋯ II. ①罗⋯ ②孙⋯ ③蒋⋯ III. ①投资–研究 IV. ①F830.59

中国版本图书馆 CIP 数据核字（2022）第 192540 号

北京市版权局著作权合同登记　图字：01-2021-6254 号。

Sir Ronald Cohen. Impact: Reshaping Capitalism to Drive Real Change.

Copyright © 2020 by Sir Ronald Cohen.

Simplified Chinese Translation Copyright © 2022 by China Machine Press. This edition is authorized for sale in the Chinese mainland (excluding Hong Kong SAR, Macao SAR and Taiwan).

No part of this book may be reproduced or transmitted in any form or by any means, electronic or mechanical, including photocopying, recording or any information storage and retrieval system, without permission, in writing, from the publisher.

All rights reserved.

本书中文简体字版由 Sir Ronald Cohen 授权机械工业出版社在中国大陆地区（不包括香港、澳门特别行政区及台湾地区）独家出版发行。未经出版者书面许可，不得以任何方式抄袭、复制或节录本书中的任何部分。

影响力投资：商业和资本助力可持续发展

出版发行：机械工业出版社（北京市西城区百万庄大街 22 号　邮政编码：100037）

策划编辑：华　蕾

责任编辑：闫广文

责任校对：薄萌钰　王　延

责任印制：张　博

印　　刷：保定市中画美凯印刷有限公司

版　　次：2023 年 3 月第 1 版第 1 次印刷

开　　本：147mm×210mm　1/32

印　　张：7

书　　号：ISBN 978-7-111-71828-4

定　　价：89.00 元

客服电话：（010）88361066　68326294

版权所有·侵权必究

封底无防伪标均为盗版

Acknowledgements / 致 谢

这本书献给在这场影响力革命中我最亲密的伙伴,我的妻子莎伦(Sharon),我们的女儿塔玛拉(Tamara)和女婿欧(Or),还有我们的儿子强尼(Jonny)。

我要把最诚挚的感谢献给我的富有开拓精神的同事们,你们在这些机构和项目上与我共同工作:社会投资特别工作组(2000~2010年),桥基金管理公司(2002~),无主资产委员会(2005~2007年),社会金融公司分布在全世界的办公室(2007~),大社会资本(2012~2019年),八国集团社会影响力投资工作组(2013~2014年),全球影响力投资指导委员会(2015~),影响力管理项目(2016~),以及影响力加权报表倡议(2019~)。你们是我英勇的战友,正是你们的领导力、努力和远见,推动着影响力革命走到了今天。

我还要衷心感谢在我写作本书时帮我做研究的亲密同事雅艾尔·伊斯特·本－大卫(Yaelle Ester Ben-David),感谢她不屈不挠的决心和坚定的支持。

我也非常感谢孙含晖先生推动和组织了本书中文版的出版,以及他为在中国推动影响力投资所做的不懈努力。

写给中国读者的话 \ To Chinese Readers

本书在中国付梓之际,新冠疫情还在继续对全世界的经济提出挑战。世界经济和金融体系可能会长期承受压力,我们将面临比2008年金融危机更加严峻的形势。

在世界各地,受疫情打击最严重的人仍然是社会中最弱势的群体。地球环境状况还在持续恶化。我们需要找到新的方法,创造性地解决这些巨大的挑战。幸运的是,我们可以运用正在改善我们世界的三大力量来达成这一目标。

第一,价值观的变化。年轻一代开始偏爱那些行善的公司(及其提供的产品和工作机会),鄙夷那些造成社会和环境破坏的公司。投资者也注意到了这一变化。因此,投资者正在用40万亿美元进行环境、社会和治理(ESG)投资,在获得投资回报的同时形成正面的社会和环境影响力。

第二,技术的巨大飞跃。它使我们能够用以前无法想象的方式形成这些正面的影响力。

第三,大数据的广泛运用。我们能够在技术和大数据的帮助下,衡量公司对社会和环境造成的影响力,并以金额的形式量化地表达出来,从而提升公司的影响力业绩的透明度。

中国在使用这三股强大力量方面处于有利地位。我希望,本书所揭示的新思想能够引导投资者、企业家和大公司，积极整合巨大的经济资源和鼓舞人心的创新力量，全力创造正面的社会和环境影响力。这些举措将决定地球和人类的未来。

目录 \ Contents

致谢

写给中国读者的话

导言 / 001

第一章　影响力革命："风险 – 回报 – 影响力"模型 / 011

　　　　技术革命 / 014

　　　　影响力的诞生 / 017

　　　　影响力在行动 / 019

　　　　SIB / 021

　　　　SIB 走向世界 / 024

　　　　衡量影响力的价值 / 027

　　　　政府的角色 / 029

　　　　前进之路 / 030

第二章　影响力创业的时代 / 032

　　　　拯救生命的无人机 / 035

从无人驾驶汽车到帮助盲人 / 038
从一个单词到完整的对话 / 039
手机借贷 / 040
播种创新，养活全球人口 / 043
在世界各地发掘光彩 / 044
为孩子们提供成功的动力 / 047
影响力是这一代人的标志 / 051
辨识影响力企业 / 053
影响力创业者网络 / 055
影响力创业者世代涌现 / 056

第三章　**影响力投资建立新常态** / 058

从衡量风险到衡量影响力 / 063
提高门槛 / 064
关注 SDG / 065
养老基金 / 067
资产管理公司将影响力带向主流 / 073
为新的现实重新设置投资 / 078

第四章　**将影响力嵌入业务** / 080

面对现实 / 088
问责制、社区、感恩 / 092
为重制而作 / 095
地球极限以内的生活 / 097
分水岭：影响力加权报表 / 100

第五章　影响力慈善的曙光 / 110

　　SIB：催化剂 / 113
　　SIB 起飞 / 116
　　DIB：慈善和援助的新模式 / 122
　　成果基金正当时 / 125
　　释放捐赠资金的能量 / 129
　　新来的孩子们 / 136
　　反思时刻 / 140

第六章　政府：更快地解决更大的问题 / 143

　　影响力投资如何帮助政府履行其职责 / 144
　　政府应采取的 9 项措施 / 147
　　大船掉头慢，方向手中攥 / 164
　　有力的解决方案就在我们手中 / 166

第七章　影响力资本主义"看不见的心" / 168

　　影响力投资助力 SDG / 176
　　影响力理念的时代已经到来 / 178

术语表 / 181

注释 / 188

Introduction / 导言

大约20年前,我领导多年的安佰深公司(Apax Partners)举办成立30周年的庆典。我是这家风险投资和私募股权投资公司的联合创始人。在庆典的致辞中,我警告说,如果我们不能更有效地解决那些落后群体的需求,那么,不久之后,在我们的城市、国家以及各大洲,富人和穷人之间就会升起一道"愤怒之火的帷幕"。我们最近在法国、黎巴嫩和智利等国看到的暴力抗议,说明这种"帷幕"已经出现。而在英国,日益加剧的不平等是2016年6月英国全民公投决定退出欧盟的原因之一。

今天,贫富差距已大幅扩大。不平等正导致大量人口从较贫穷的国家,尤其是非洲国家,涌向欧洲较富裕的国家。人们冒着生命危险乘坐单薄的橡皮艇横渡大海,寻找更美好的生活。接收这些移民带来的挑战,加剧了"东道国"国内业已存在的社会不平等。

我之所以写这本书,是因为我看到解决方案已经触手可及——我称之为"影响力革命"。在影响力投资的推动下,影响力革命将助力我们解决地球上的不平等、环境退化等重大问题,并将引领我们走向一个更美好的新世界。

我在1998年开始了本书的写作之旅,当时,我决定在7

年后（也就是我60岁的时候）离开安佰深，转向解决社会问题，并试图帮助解决中东冲突。我不希望自己的墓志铭上写着"他做到了年投资回报率30%"——我一直都相信，人生应该有一个更伟大的目标。

在我11岁的时候，全家被迫离开埃及。我们很幸运，以难民身份被英国接收。我们到达英国的时候，每人只带了一个行李箱，我把我的集邮册夹在腋下，担心有人会把它抢走。我们在新的"家乡"受到了欢迎，并在伦敦开始了我们的新生活。

我的人生获得过几次飞跃的机会，包括在牛津大学和哈佛大学接受一流的教育。在那里，我了解到当时刚刚兴起的风险投资。我获得了亨利奖学金（Henry Fellowship），可以用它来负担我在哈佛商学院第一年的学费，条件是我毕业后要把一些有价值的东西带回英国。我最终带回了风险投资，而我因此在2001年受封为爵士。

回馈社会是我价值观的一个重要方面。我在需要帮助的时候得到了帮助，因此，我也想帮助别人。我之所以成为一名风险投资家，部分原因是在当时高失业率的环境中，我可以通过风险投资帮助企业创造就业机会。当我在20世纪80年代和90年代看到社会问题蔓延时，我坚持初心，决心做出改变。我希望在60岁离开安佰深后，可以花20年的时间来研究这些社会问题，并有机会带来真正的改变。

我在26岁时联合他人创立了安佰深，并将其打造成了一家全球私募股权投资公司。目前，安佰深管理着超过500亿美元的资产，在世界各地设有办事处。

在我的职业生涯中，我扮演过许多不同的角色：创业者、投资人、慈善家和政府顾问。通过扮演这些角色，我有机会从不同的角度看世界。这些经历让我明白了为什么资本主义不再能满足我们这个星球的需求，我们还可以有另一条新的前进之路。在本书中，我将提出一个我们每个人都可以付诸行动的新的解决方案。

现在的状况是不可持续的。随着发达国家和发展中国家的不平等都在加剧，社会紧张局势也会升温，那些被时代落下的人们感到他们将永远被困在那里。我们的体系似乎对他们是不公平的，所以他们就反抗它。

与此同时，环境挑战威胁着人类的生活质量，甚至威胁着地球自身的存在。我们目前的经济体系不能解除这一威胁：很多国家的政府缺少手段来应对人为的社会和环境问题，也没有能力开发出解决这些问题的创新方法，这一创新过程不可避免地涉及有风险的投资、试验和偶尔的失败。

经济合作与发展组织（简称"经合组织"，OECD）成员国政府每年在卫生和教育方面的支出已超过10万亿美元，这相当于这些国家国民生产总值（GNP）的20%，该支出的数额是其60年前的两倍。政府受预算限制，无力再增加支出。然而，这些支出是不够的。慈善事业在帮助政府应对这些挑战方面也只能做那么多了：全球慈善基金会每年的捐款保持在1500亿美元，与政府支出相比，这是个小数字。[1]

因此，显然有必要建立一种新体系，这一点已经是金融和商业领袖们的共识。然而，到目前为止，我们花了大量时间查找我们体系的问题，却很少花时间去提出能真正替代当前资本主义体系的方案，这让我们在新体系的建立上迟滞不前。

人类已经取得了巨大的进步。我们有能力找到正确的答案，有能力转向一种新体系。我们需要这样一种新体系——更公平地分配机会和成果，并为我们面临的巨大挑战提出有效的解决方案。在这种新体系中，道德约束和审慎原则令我们用使命感来调控自身利益；对社会做出贡献会比炫耀性消费给人带来更高的地位；那些对社会和环境负责任的公司比那些只注重自身利益的公司更成功；个人和组织被鼓励超越自我中心主义，与某种"大于自我的东西"建立精神联结并获得满足，而不仅仅是为了赚钱而努力。

这种新体系就是影响力资本主义。它使私人部门与政府的理念保持一致，使两者协调而不是对立，利用资本和技术创新来解决社会和环境问题。

影响力资本主义从资本市场吸引资本，在很大程度上，就像过去40年里私人资本为创业者提供资金，帮助他们掀起一场技术革命一样。

影响力资本主义将社会和环境影响力与利润结合起来，颠覆了利润至上的理念，将影响力提升到与利润同等重要的地位，并将利润置身于约束之中。这一点已经明显体现在我们行为偏好的变化上：我们越来越多地选择从和我们有着共同价值观的公司购买产品；我们投资那些不污染环境和不使用童工的公司；我们更愿意为拥有鼓舞人心的社会或环境目标的公司工作。

资本主义体系的"燃料"是资本,因此影响力投资是新体系的一种标志就不足为奇了。正如风险投资是对科技创业者资金需求的回应,影响力投资是对影响力创业者和影响力企业需求的回应,这些创业者和企业希望改善人们的生活,帮助人们保护地球。

影响力革命已经改变了我们对社会责任、商业模式和投资的思考方式。它正开始改变我们的经济,把经济变成强大的引擎来推动资本在实现利润的同时产生影响力。我们已经看到,技术革命是20世纪的标签,而影响力革命正在成为21世纪的标签。

影响力投资就是要创造一系列连锁反应。我们将在本书的不同章节考察由影响力投资引发创新的5个利益相关者群体,他们的参与对于规模化地应对巨大的社会和环境挑战至关重要。影响力投资将改变投资人、慈善家、创业者、社会组织、大企业、政府和一般公众的思维与行为,并将影响力置于我们决策的中心。

我推动影响力投资的大部分动力源于在社会投资特别工作组(Social Investment Taskforce,SITF)的工作,这个工作组是我应英国财政部的要求于2000年在英国成立的。

2013年晚些时候,鉴于已经取得的进展,英国首相戴维·卡梅伦(David Cameron)希望我领导八国集团社会影响力投资工作组(G8 Social Impact Investment Taskforce,G8T),以"促进建立社会影响力投资的全球市场"。2014年俄罗斯退出八国集团时,参加投资工作组的国家包括美国、英国、日本、法国、意大利、德国和加拿大,我们还引入了澳大利亚和欧盟作为观察员。我们在这些国家和地区组织了超过200人,形成了8个国家顾问委员会和4个工作组。

我们从这些工作中得出了一个惊人的结论:世界正在发生一场深刻的变化,我们正在从一个以"风险-回报"为决策基础的世界进入一个以影响力为第三个基本维度的世界。社会影响力债券(Social Impact Bond,SIB)——一种"义利并举"的新投资方式的出现,是这种根本性变化的第一个表现。

在2014年9月发表的一份名为《影响力投资:看不见的心》的报告中,我们阐述了我们的研究结果。报告得到了教皇方济各(Pope Francis)的支持,他敦促各国政府"致力于发展一个高影响力投资市场以对抗不包容和不环保的经济"。美国前财政部长拉里·萨默斯(Larry Summers)称其为"大事件的开端"。[2] 这份报告引发了一场在全世界传播这一理念的运动。

报告发表后不久,英国政府让我在全球范围内努力推广G8T的工作。因此,2015年8月,我和他人共同创立了全球影响力投资指导委员会(Global Steering Group for Impact Investment,GSG),并担任主席,继续G8T已经开始的工作。GSG吸纳了G8T董事会的大部分成员,并迅速接纳了5个新国家:巴西、墨西哥、印度、以色列和葡萄牙。

在首任首席执行官阿米特·巴蒂亚(Amit Bhatia)的领导下,GSG扩展到了32个国家,各个国家的顾问委员会共会聚了500多位影响力领袖。GSG在不断"创新、呼吁和指挥"[3] 的同时,使自身成为推动全球影响力投资发展的主导力量。

2007年，我觉得世界正在发生根本性的变化。我知道社会投资将是下一个大事件，并在我的第一本书《让世界为我打工》⊖（*The Second Bounce of the Ball*）中写到了这一点。现在，十多年过去了，我相信影响力思维将引发的变化会和技术革命带来的变化一样巨大。

影响力思维正在改变我们的投资行为，正如在50年前涉及衡量风险的创新思维所做的那样。风险思维可以让投资组合使用多个不同的资产类别分散风险，从而在风险投资和新兴市场投资等高风险投资中获得高回报。现在，影响力思维将变革我们的经济，重塑我们的世界。

对于我来说，影响力思维方面的突破出现在2010年9月，当时我们第一次把社会影响力衡量和财务回报衡量联系到一起。第一只SIB——"彼得伯勒SIB"，解决了从英国彼得伯勒监狱刑满释放的年轻男性再犯罪率居高不下的问题。在SIB出现之前，传统观点认为社会领域中的一切都是无法衡量的。你如何衡量一个改造表现良好的囚犯的生活改善程度？今天，有192只SIB和DIB（发展影响力债券——专门应对发展中国家所面临的挑战的债券，Development Impact Bonds）正在解决32个国家中的十多类社会问题。这一切清楚地表明，把社会和环境改善程度与财务回报联系起来，正是让慈善组织的领导者进入投资市场的钥匙。通过这种做法，我们为社会企业家提供了他们所缺乏的财务支持，使他们能针对那些最大的社会挑战制定创新的解决方案。

⊖ 本书简体中文版已由机械工业出版社出版。

SIB 的诞生是今天正在发生的影响力创新的一个先兆。就像 20 世纪八九十年代的软件和硬件公司一样，这类创新的"影响力"组织，包括非营利的"社会组织"和"目标驱动型企业"，正在给现有的创业模式、投资模式，以及大公司、公益机构甚至政府的运作模式带来创造性的颠覆。

这本书介绍了一个新的理论，关于影响力革命将如何让我们实现全方位的社会和环境改善，以及我们如何理解这种进步的理论。它研究了影响我们社会中不同群体的各种趋势，以及这些群体如何相互影响，进而为整个体系的变革创造动能。

第一章介绍了影响力革命及强力驱动它的创新性思维——"风险－回报－影响力"模型，并展示了影响力革命与之前的技术革命的相似之处。

第二章研究了影响力创业，并观察了年轻创业者们如何重新定义颠覆式商业模式：能够在产生财务收益的同时改善人们的生活和保护地球。

第三章讨论了投资人的角色，他们已经在推动公司将影响力整合到它们的产品和运营中。

第四章转而探讨影响力革命对大公司的影响。大公司受到消费者、员工和投资人不断变化的偏好的影响，有时还受到较小的竞争对手的商业模式的影响（见第二章），在此背景下，大公司开始将影响力嵌入一些活动和产品线中。

第五章考察了慈善新模式，这些新模式是随着影响力思维和创新性影响力工具的出现而出现的。我们考察了如何运用基于成果的慈善和基金会捐赠资金，以最大限度地改善人们的生活和环境。

第六章探讨了影响力方法和工具如何帮助政府更快地解决更大的问题。

最后，第七章指明了前进的道路。我们不能再坚守这样一种体系——既不积极寻求产生正面影响力，又造成负面后果，而政府不得不花一大笔钱来纠正这种后果。我们必须改革我们的经济体系，让其产生解决方案，而不是产生问题。我们责任重大，影响力革命的成功将改变数十亿人的生活。现在有一个绝无仅有的、实实在在的实现变革的机会，我们每个人都可以在其中发挥重要的作用。

18世纪末，经济学家亚当·斯密在《国富论》中提出了著名的"看不见的手"理论，描述了个人对利润的追求是如何实现每个人的最佳利益的。他的第一本书《道德情操论》则是关于人类出于同理心和利他主义而行动的能力的。如果他知道我们将在21世纪衡量影响力，他很可能会把这两本书合二为一，把影响力写成"看不见的心"，它引导着"看不见的手"。

第一章

影响力革命：
"风险 – 回报 – 影响力"模型

我们必须把影响力纳入核心观念。

如果我们想要改变世界，就不能再按照老观念行事。我们需要新观念和新办法。在经济学领域探索，就像在科学领域探索一样，要创造性地使用词语来表达新想法。

"影响力"这个词有什么新的含义呢？2007年，洛克菲勒基金会（Rockefeller Foundation）在其意大利贝拉吉奥中心的一次会议上首次提出了"影响力投资"的概念，用其取代之前的"社会投资"。简单来说，影响力用于衡量一个行为对于人类和地球的益处。它不仅仅是指把有害的结果降到最低，更是指通过创造正面影响力去产生有益的结果。影响力投资包含了社会和环境两个维度。

社会影响力，指的是个人和社区福祉的改善程度，以及提升人们过上丰富多彩生活的能力的程度。[1] 它促进了真正的社会进步：教化年轻人，饥者得食，病者得治，创造就业，为穷人提供生计。

环境影响力，就像其字面意思那样，是指商业活动和投资对地球的积极影响程度。简言之，就是我们这代人是否爱护地球；能否把它传承给子孙后代，让他们也能享受到地球的好处，并且把它继续传承下去。

我们有必要将影响力置于社会的核心和经济体系的中心位置。

我们有必要将影响力置于社

会的核心和经济体系的中心位置。现在的经济体系鼓励的是以最低的风险赚尽可能多的钱,我们需要转向另一种体系——鼓励在多赚钱的同时获得最高的影响力,并且尽可能只产生最低的风险。

影响力必须深深地融入社会的 DNA 中。作为"风险 - 回报 - 影响力"模型的一部分,它将影响我们在消费、就业、商业和投资方面做出的每一个决定,从而推动经济发展。

采用这种新模型时,我们会在做出决策之前,审视每一个决定将给社会和环境带来的结果,而不是事后才想到。但是,要想用这种新思维方式改善社会和环境,我们需要先找到可靠的方式来衡量影响力。

现在,我们常用的"风险 - 回报"模型已然是行业标准模型。但事实上,这个模型之前并没有占据如今这样的主导地位。20 世纪之前,企业主和投资人在决定如何分配手里的资本时,仅仅计算从中能赚多少钱。直到 20 世纪下半叶,投资人才开始衡量"风险",对风险进行量化,并关注风险和回报之间的关系。

有人把风险定义为让投资人亏钱的可能性。风险听起来是个很难准确表达的概念,而且,它在过去往往被认为是无法衡量的。然而,学术界还是找到了一些方法,为所有形式的投资制定了风险衡量标准。到了 20 世纪末,人们已经在用同样的方式谈论和衡量风险了。

衡量风险对投资界产生了深远的影响,它催生了新的理论,比如投资组合多元化理论,由此又产生了新的资产类别,包括为技术革命提供了资金支持的风险投资以及私募股权投资、对冲基金等。尽管它们的风险更高，但回报提升的幅度也更大。风险的可衡量还让新的投资主题得以成立，比如投资于新兴市场，从而为"全球化"提供了资金。

如果时间快进到今天，我们会发现，影响力投资正在做风险投资当年做过的事情——引发一场革命。人们正越来越多地检视投资行为的正面影响力和负面后果，投资人和企业开始有兴趣将影响力纳入他们的决策中。那么，影响力会比风险更难衡量吗？一点也不。事实上，影响力衡量比风险衡量更容易，人们正在制定衡量它的方法。

这场影响力革命预计会像曾经的工业革命或近年来的技术革命一样改变世界。这是一场由年轻的消费者和创业者发起的和平运动，他们正再次颠覆既有的商业模式，不过这一次，他们的目的是改善生活、减少不平等和改善地球环境。

技术革命

最近几十年，我看到许多新兴技术公司取代了曾长期雄踞行业龙头地位的大公司，这让人惊叹不已。亚马逊、苹果、谷歌和脸书曾经都是鲜为人知的初创公司，仅仅30年，它们如火箭升空一般冲入"全球30家最具价值的公司"之列。[2] 我们都知道这些公司的创始人的故事，他们凭借自己的才智与干劲找到了解决老问题的新办法，成为极其宝贵的新技术开拓者，重塑了当今的世界。

当然，这样的重大突破并非凭空发生的，充足的风险投资是促使技术革命达到如此规模和速度的关键因素。现在，风险投资已经是一个总量达1万亿美元的行业。50年前，如果你告诉别人自己在一家风险投资公司工作，对方会很茫然地看着你，不知道你在说什么。

风险投资出现在第二次世界大战结束之后，于20世纪七八十年代在硅谷站稳脚跟。然后，伴随着一股对小型高增长技术公司的投资热潮，风险投资开始于全球普及。那些早期创业者除了独创性技术，还有一项说服投资人的技能——只要帮助他们实现愿景，投资人就能赚到钱。投资人成功与否取决于所投公司未来的利润高低，他们在投资风险和回报潜力之间寻找平衡。当决定投资这样的早期科技公司时，他们都是在为信仰放手一搏。

20世纪80年代初期，我就是这样的投资人。我和他人共同创立的安佰深投资了近500家开拓型初创公司，每一家公司都致力于在各自的领域成为佼佼者。我们的投资对象包括PPL Therapeutics、苹果和美国在线。其中，PPL Therapeutics培育了"多莉"——世界上首只克隆羊。

我成为风险资本家的一个主要原因是我觉得自己可以在实现财务富足的同时，为社会带来正面的影响力。安佰深支持了几百个创业者，这些创业者不仅使自己获得了充实的人生，也让和他们一起打拼的人以及他们的社区变得更好。他们创造的成千上万的工作机会遍布新兴领域，从技术到消费品，再到媒体。我相信，给人们提供新的收入来源和工作机会，能改善他们的生活，最终也能使整个社会环境得到改善。

然而，这些年来，我看到贫富差距不断扩大。一些公司给社会造成的伤害超过了其带来的改善。对于许多社会底层人民来说，生活没有变好，反而更糟了。在英国，即使国家一直在完善社会福利制度，提供了社会保障的安全网，但消除贫困问题依然是一项巨大的挑战，而且贫困人群急需的经济机会并没有出现可观的增长。世界其他地区也存在类似的情况。尽管美国的新技术行业创造了6000万个工作机会，社会和经济不平等状况却在不断加剧。

造成以上问题的部分原因是供需不平衡。科技类工作需要的新技能有赖于更高水平的教育，然而过去更高水平教育的供应是不足的。企业为了争夺人才，把薪酬提得很高，同时，低增长行业的薪酬却一直在缩水。全球化、取代工人的新技术，以及流动的股本和低成本债务等因素的叠加，让社会顶层1%的人获得了更可观的财务回报。与此同时，企业对"顶尖"人才的争夺，更加剧了这场让富人更富、穷人更穷的"完美风暴"。

到了2000年，我们明白了，这个模式并没有让社会变得更好。尽管技术革命创造了天量的财富和许多社会福利，但巨大的社会和环境问题持续困扰着全世界，在有些地区，这些问题甚至变得更糟。人类对自然资源的无休止消耗，造成全球气温上升，进而引发野生动植物消亡、山火肆虐、洪水泛滥，以及对人类赖以生存的生物多样性的破坏。

如果我们不解决这些问题，结果可能会是灾难性的。因此，我们需要一场新的思想革命，找到新的解决办法，来应对社会和环境的双重挑战——这两个挑战正在相互作用，例如气候变化导致人们被迫迁移。但是，我们到哪里去寻找富有想象力的解决办法呢？如果政府部门和私人部门都没有能力带来我们迫切需要的大规模改善，那么破局之道可能就在于改变我们的经济体系。

影响力的诞生

我开始认识到，我们需要一种能把企业、投资人、创业者的利益与政府、非营利组织、慈善家和影响力企业的利益绑定在一起的新体系，推动各方共同努力去改善生活和环境。这样的体系会是什么样的呢？

答案原来非常简单，就是把社会倡议和投资结合起来，并使创业者为目标驱动型企业和慈善组织贡献力量。这将能让我们借助创业者的才能和创新精神找到应对老问题的新办法。

正如科技创业者能够在投资基金的帮助下带来变化一样，影响力创业者可以在解决这个时代最迫切的问题上取得进展。面对巨大的社会及环境挑战，我们必须调整投资方法来应对。投资是为经济体系提供"燃料"的，对影响力投资而言，以投资人的视角看世界有助于吸引投资人。也就是说，我们需要关注利润与影响力，根据可衡量的结果来评估成功与否。

面对巨大的社会及环境挑战，我们必须调整投资方法来应对。

我们可以把应对社会问题看作一次我们对社会的投资机会，这并不只是用投资人的话术简单地打个比方。应对社会问题不仅能够获得有吸引力的财务回报，而且可以调动一批有识之士为社会做事，这些人的才能原本只聚焦在投资赚钱上面。

2002 年，我和安佰深的前同事菲利普·纽伯勒（Philip Newborough）以及我在 SITF 的得力助手米歇尔·吉登斯（Michele Giddens）共同创立了桥基金管理公司（Bridges Fund Management），将风险投资引入英国最贫穷的地区。我们的想法很简单，就是在英国最贫穷的 25% 的地区扶持当地企业，以改善英国最弱势群体的生活。我们希望通过投资来创造影响力，所以我们就像投资人那样，着手去寻找一种方法——既可以实现可衡量的影响力，又可以带来每年 10%～12% 的财务回报。

18 年来，桥基金管理公司募集了超过 10 亿英镑的资金，实现了 17% 的平均年度净回报。同样重要的是，这个回报水平是在实现了显著影响力的同时取得的。仅 2017 年一年，我们就提供了 130 万小时的优质护理服务，向 4 万人提供了医疗服务，减少了 3 万多吨碳排放，直接创造了 2600 多个工作机会，帮助 2600 多名儿童取得了更好的学习成绩。[3] 通过投资，我们帮助英国一些顶级影响力企业实现了规模化增长。

英国政府为桥基金管理公司的第一只基金提供了 2000 万英镑的资金支持，政府的背书让我们更容易吸引到来自私人部门的投资。2008 年，在无主资产委员会（Commission on Unclaimed Assets）的推荐下，英国政府又为另一项重要的社会项目提供了帮助。无主资产委员会是我在 2005 年设立的。工党政府出台法律，将无主银行账户[4]中存有的资金用于实现 3

个社会目标，即设立一家社会投资银行（2000年曾由SITF倡导）、帮助年轻人以及实现金融普惠。

2012年，世界首家社会投资银行大社会资本（Big Society Capital，BSC）成立，动用了这笔款项中的4亿英镑以及英国4家大型银行提供的2亿英镑。2012年4月，时任英国首相卡梅伦在伦敦证券交易所启动了BSC。从那时起，BSC极大地提振了资本对慈善组织的投资热情，提高了这些组织的扩张能力和创新能力。

影响力在行动

受到早期成功的鼓励，我在慈善家大卫·布洛德（David Blood）、斯坦利·芬克勋爵（Lord Stanley Fink）、西格丽德·劳森（Sigrid Rausing）和菲利普·赫尔姆（Philip Hulme）的帮助下，于2007年创建了英国首家社会投资顾问公司——社会金融（Social Finance）。我们的核心使命是创造联结，帮助社会企业家找到投资资金。

我们开始从金融和社会领域招募青年才俊。到了第3年年底，我们团队的人数增加到18人，在主席伯纳德·霍恩（Bernard Horn）（国民西敏寺银行前董事）的领导下开展工作，戴维·哈奇森先生（David Hutchison）（德累斯顿银行前英国投资银行业务主管）担任首席执行官。

2009年年末，两位团队成员托比·埃克尔斯（Toby Eccles）和艾米丽·波尔顿（Emily Bolton）到我的办公室讨论降低获释人员再犯罪率的方法。世界各地的统计数据令人错愕，多达 60% 的年轻获释人员会在获释后 18 个月内再次入狱。[5] 这项统计数据意味着会出现一系列的负面后果。设想一下，如果我们能有办法降低这个比例，那么就可以避免很多人间悲剧了，家人能够重聚，犯罪率会下降，更不用说为政府省下开支了。

托比和艾米丽建议我们把再犯罪率的降低与投资人的财务回报挂钩，根据取得的社会成果向投资人支付回报。简单来说，投资人会因为再犯罪人数的减少而获得回报。这真的是很有开创性的新思路。

风险投资是用投资人的钱为初创公司的成长提供资金，这给了我灵感。我和托比、艾米丽和戴维·哈奇森一起设计了 SIB。作为一种投资工具，它能够为慈善性质的社会服务组织带来投资。

带着介绍 SIB 情况的建议书，我们去见了时任司法大臣杰克·斯特劳（Jack Straw）。我们提出，如果司法部同意这样一个条件——"只要获释后没有再次入狱的人数达到约定的增长量，司法部就向投资人支付回报"，那么，我们就能够从投资人那里募集几百万英镑，提供给那些正在帮助获释人员的慈善组织。这样做的目的是利用社会企业家创造利润的才能和投资人的资金，解决一个棘手的社会问题。

杰克·斯特劳听到这个想法后，激动得连拍桌子。他微笑着对他的下属们说："我知道我们一向谨慎行事、不争第一，但这件事我们一定要做！"但是，预防犯罪怎么能成为一个好的投资项目呢？其实打击犯罪是非常费钱的——政府每年花费数百万英镑，才能把罪犯关进监狱，更不用说罪犯进了监狱后的住宿和食物供给问题了。如果我们的努力能帮助政府节省资金，投资人和他们投资的组织就都可以获得因此而节省下来的资金的一部分。获释人员的生活会得到改善，政府能省下开支，投资人会获得合理利润——这是一个三赢的局面。

我们从社会服务组织和投资人的角度来审视社会挑战，设计出了SIB。作为一种工具，它可帮助社会企业家运用私人投资，推动社会进步。

查尔斯王子是最早认识到SIB的重要性的人之一。在彼得伯勒SIB公布后不久，我收到了一封他的亲笔信，他在信中对SIB的出现表示欢迎，并称赞了它投资慈善组织的潜力，认为SIB能解决他很关心的社会问题。得到这样一位尽心的慈善家的肯定，对我们来说是极大的鼓舞。

SIB

SIB涉及三类关键参与者：成果付款人、社会服务提供组织（通常是非营利组织，但也可能是目标驱动型企业）和投资人。像社会金融这样的社会投资顾问公司可能会帮助设计和实施SIB交易，独立评估机构则会像审计机构一样验证取得的成果。

SIB在美国被称为"成功才付款契约"（Pay For Success，PFS），在澳大利亚被称为"社会效益债券"（Social Benefit

Bond，SBB），在法国则被称为"社会影响力合约"（Social Impact Contract，SIC）。SIB 并不是传统意义上的债券，在本质上，它是成果付款人和社会服务提供组织之间基于成果的服务合约。成果付款人委托目标驱动型组织来实现特定的社会成果，有社会责任感的投资人通过提供前置资金来助力这些服务的交付，消除成果付款人的财务风险。

如果结果没有达到合约中设定的目标，投资人就会损失作为前置资金的投资，这部分资金实质上变成了投资人的慈善捐赠。但是，如果达到了目标，投资人就能收回投资，并有相应的回报——社会成果越好，回报也就越高。

在取得了预期的社会成果后，成果付款人会付款给投资人。成果付款人通常是政府，有时也会是官方支持的组织或慈善基金会，它们直接与金融中介机构或社会服务组织合作，设定目标、时间表和支付标准。只有实现了预设的积极成果，它们才会向投资人付款。

社会服务提供组织可以是提供社会服务或干预的非营利组织或目标驱动型企业。对于它们来说，这个体系有几个优势：它用大量前置资金支持社会服务提供组织，不仅允许它们根据设定的最佳成果目标灵活地实施干预，还允许它们进行实验和创新。

根据传统经验，在评估这类社会服务提供组织是否可以获得慈善资金支持时，会围绕着它们开展的活动来进行。为了判断活动是否成功，慈善家可能比较看重某些指标，比如它们在改造计划中招募的获释人员数量，或者看重投入的资源，比如花费在获释人员教育上的时间。

相比之下，如果评估关注的重点是成果，则会看重再犯罪率降低的比例，这比有多少获释人员参与了该计划更加重要。这种评估关注点的转变可以促使服务提供组织聚焦于核心目标，并用新的、更有效率的方式协作，以实现这些目标。

社会金融公司在着手研究降低英国的再犯罪率时，创造了上面所说的 SIB。我们的投资方是 17 个慈善基金会，包括英国的艾斯密·费尔贝恩基金会（Esmée Fairbairn Foundation）和美国的洛克菲勒基金会。

我们见到了英国政府的官员并和他们商定，我们将筹集 500 万英镑，用来支持一直帮助彼得伯勒监狱获释人员的慈善服务提供组织。如果 5～7 年后，我们未能使所帮助的获释人员的再犯罪率比对照组获释人员的再犯罪率降低 7.5%，那投资人就收不回投资。不过，如果再犯罪率降低了 7.5% 甚至更多，政府要偿还初始投资，还要支付一部分利息，利率会跟实际下降的再犯罪率挂钩。这项计划的关键之处是，政府需要支付的金额仅仅是节省下来的法院和监狱支出的 30%～50%。在偿还投资人的投资款之后，政府的预算不会超支。与此同时，投资人可以将资金再投资于其他影响力投资项目，慈善服务提供组织也将继续获得资金开展工作。

彼得伯勒 SIB 使定罪数量减少了 9.7%，而且除了本金，政府还向投资人每年支付了 3.1% 的收益。获释人员的生活得到了改善，法院和监狱的负担减轻了，投资人看到了回报。在思考金融如何在社会进步中发挥作用时，SIB 代表了一种新的模式。

一些人可能会认为慈善家已经在资助这类项目了，但这种看法是"见木不见林"。与我们合作过的一些慈善基金会确实已经在资助获释人员改过自新，但我们将分散的资金集中到一个计划中，专注地围绕一个具体的、可衡量的目标去运作。我们也让更多的资金流向服务提供组织——它们为获释人员做了很有价值的工作，但缺乏开展规模化运作的资金。

我们的工作将这些服务提供组织团结在一起，协调它们的工作。我们取得的最终成果是帮助那些慈善基金会（也就是我们的投资人）赚回本金，或再获得一些额外的收益，这样它们就可以进行再投资。如果被广泛采用，对于任何一个寻求解决社会问题的人来说，无论他身在非营利部门、企业还是政府，这种模式都有巨大的潜力。

这对社会领域来说意义重大。仅在英国，就有80万～100万人在非营利部门工作，而英国慈善基金会行业拥有约1000亿英镑的资产。[6] 在欧洲，1100万人在非营利组织工作。在美国，有900万～1000万人为超过170万个慈善组织工作，而美国基金会行业拥有8500亿美元资产。[7] 令人惊讶的是，尽管有这么多的资源，慈善组织总是缺乏资金，并且很少有组织能实现规模化运作。

SIB 走向世界

首只SIB的成功表明，即使是最棘手的社会问题，也可以动员私人投资来解决。正如英国前首相戈登·布朗（Gordon Brown）所说："彼得伯勒 SIB 为数亿美元的社会改革投资点燃了一盏明灯。"[8] 它切实地带动了 SIB 在世界各地的发展。

在美国，我非常熟悉的同事特蕾西·帕兰德坚（Tracy Palandjian）带头发起了 SIB 运动。我在英国成立社会金融公司后不久就遇到了她，当时我正在参加哈佛商学院百年院庆活动。我与美国前财政部长拉里·萨默斯和迈克尔·波特（Michael Porter）教授同台，对私人投资在解决社会问题中的作用进行了小组讨论。

毕业于哈佛商学院的特蕾西当时坐在观众席中，我们后来探讨了小组讨论中的一些见解。在推出彼得伯勒 SIB 三年后，我很希望把社会金融公司的业务扩展到美国，因为在这里金融创新扎根的速度比世界上的其他地方都快。2011 年年初，我打电话给特蕾西，邀请她加入大卫·布洛德和我共同创立的社会金融美国公司（Social Finance US）。如今，在她的领导下，美国已经成为 SIB 规模最大的市场，吸引了全世界最多的 SIB 投资。

人们对 SIB 的信心持续增强。2016 年，英国政府展示了自己的决心，启动了有史以来第一只为 SIB 项目的成果买单的公共基金——规模达 8000 万英镑的生命机会基金（Life Chances Fund，LCF）。[9] 作为一只"成果基金"，LCF 旨在帮助社会中最弱势的人群。对项目实现的成果，LCF 支付约 20% 的成果款，地方政府支付其余的 80%。

那么，我们所说的成果基金到底是什么呢？如果我们回到彼得伯勒 SIB，以它为例，成功干预后偿还给投资人的资金将由成果基金提供，而不再是司法部。慈善家可以自己创建成果基金，也可以参与由他人设立的成果基金，以提高他们支持的组织实现特定使命的能力。例如，GSG 正在组织运作两只教育成果基金，每只基金的规模为 10 亿美元，目标是提高教育普及程度。其中一只基金在非洲和中东地区，与戈登·布朗担任主席的教育委员会合作；另一只在印度，与一只由英国亚洲信托基金最近发起的小型成果基金并肩作战。

目前，在全球 32 个国家，有超过 190 只 SIB 和 DIB。这些债券致力于解决十几类不同的社会问题。DIB 主要关注新兴国家，与 SIB 具有相同的结构，但 DIB 的成果付款人通常包括政府、援助组织和慈善家。SIB 和 DIB 之所以强大，是因为它们把社会和环境挑战看作投资机会。对于投资人来说，它们代表着一个全新的资产类别，因为它们的回报不会随着股市或利率的波动而波动。对于成果付款人来说，它们代表了一种基于成果的合约，可以交付更好的结果。同时，相较于为行动付款的常规合约，它们在评判行动是否有效上更为透明。

SIB 和 DIB 是"风险－回报－影响力"模型发挥作用时最纯粹的表现形式。它们是我们正在整体转向的新体系的一部分，这个体系的决策模型引入了"风险－回报－影响力"这一新思维模式，而不再只是二元的"风险－回报"模式。这个新思维模式也让我们产生了新的认知，即社会干预产生的影响力实际上是可以被衡量的。

我们正在将这一认知应用在更多的场景中：影响力能够被衡量，并且可以在不同公司之间进行横向比较。这会改变所有的相关决策。这种比较将促使我们重新审视对消费、就业和投资做出的每一项决定，并引导公司创造正面的影响力。这就是影响力革命的意义。

衡量影响力的价值

为了改变投资者和公司的行为，我们需要用一种每个人都容易理解的方式来衡量公司对社会和环境产生的正面与负面影响力。美国前副总统阿尔·戈尔（Al Gore）等人几十年来一直主张衡量企业的外部性，将此作为应对气候变化行动的一部分。但到目前为止，还没有出现可靠的方式来衡量和整合公司的影响力。

如果我们把影响力投资视为推动社会变革的火箭，那么影响力衡量就是这枚火箭的导航系统，它将带来改变并推动新规范的建立。需要注意的是，为了让影响力衡量能得到更广泛的使用，我们需要彻底重新思考如何看待影响力——长期以来，我们一直在用不准确、不一致的方法评估它。

如果我们把影响力投资视为推动社会变革的火箭，那么影响力衡量就是这枚火箭的导航系统。

目前，世界各地正在尝试 150 多种不同的影响力评估方法，[10] 每种方法都从不同的角度对影响力进行衡量。连传统的会计师事务所也开始更多地关注可持续发展问题及其对企业的影响。因此，我们应该像对待利润一样对待影响力，我们确实需要以一种标准化的方式来定义、衡量和评估它。

在衡量影响力方面，影响力加权报表倡议（Impact-Weighted Accounts Initiative，IWAI）是最有前景的尝试之一。这是 GSG、影响力管理项目（Impact Management Project，IMP）和哈佛商学院的一项联合倡议。GSG 是全球影响力运动的推动者；IMP 是拥有 2000 名从业者的组织，是桥基金管理公司于 2016 年设立的机构，由克拉拉·巴比（Clara Barby）领导，致力于就如何衡量影响力达成共识。

IWAI 的首席执行官是乔治·塞拉芬（George Serafeim），他同时是令人敬佩的哈佛商学院的会计学教授。我担任 IWAI 领导委员会的主席，克拉拉·巴比担任副主席。IWAI 汇聚了商界、投资界、会计界的人士。它创造性地将一家公司产生的影响力整合到其常规的财务报表中。IWAI 这样做的目的是建立一个框架，使一家公司创造的影响力通过这个框架可以直接影响其价值，就像利润影响公司价值那样。我们将在第四章对此进行详细介绍。

衡量影响力的一个主要好处是，企业将难以再通过谎称自己从事了有益于社会的工作而进行"影响力漂洗"，从而避免道德风险。如今，有些企业声称自己参与了社会事业，但仅仅把它当作一种营销策略。为了让企业真正将影响力整合到商业和投资决策中，我们必须以可靠的方式衡量影响力。

政府的角色

只有政府有权力规定公司和投资人根据统一的标准来衡量和报告其活动的影响力。在之前讨论的降低获释人员再犯罪率的案例中，英国政府从节约公共开支的角度衡量了这项计划的成果。

为了普及这种思维方式，英国政府在 2014 年发布了单位成本数据库（Unit Cost Database），列出了英国 600 多个社会问题的估算成本，这些问题包括犯罪、失业和无家可归等。有了这些估算成本，人们至少可以对影响力投资实现的收益中的一部分，做可靠的量化计算，提供给英国地方政府、慈善组织和社会企业，用于拟定基于成果的合约和 SIB 的条款。[11]

一些国家（如葡萄牙）已经开始效仿英国的做法。另外，一些独立第三方平台也在努力尝试量化全球的社会问题成本。其中之一是全球价值交易所（Global Value Exchange），这是一个众包数据库，由 3 万多个影响力衡量指标组成，提供了各种估值，和前面提到的单位成本数据库类似。[12] 例如，你可以这样计算英国一名失业的无家可归者每年的社会成本：把他领取的福利金、他本可以缴纳的所得税和国民保险费，以及他本可以创造的经济产出相加。[13]

我们现在的首要任务应该是努力打造每个社会领域的标准化指标，让我们能够比较不同干预措施的影响力。我们的目的是超越对单一影响力的衡量，去衡量各个组织和倡议带来的所有重大影响力。

无论是公共部门还是私人组织，都会产生影响力。现在，是时候用可靠的方式衡量它，明确它的价值，并要求全球的决策者们更好地做决定了。一旦我们恰当地衡量和评估了影响力，投资人和企业就会养成习惯，在决策时考虑影响力。最终，所有的投资都将是影响力投资。

前进之路

由创业者和投资人主导的向"风险－回报－影响力"模型的转型，将改变资本流向，从而产生我们迫切需要的经济变革。

除了从金融系统里的200万亿美元可投资资产中吸引投资资本之外，人类没有其他方法来应对规模巨大且严重的社会和环境问题。

我们正在见证影响力革命的发生：越来越多的消费者、员工和投资人认识到，企业不仅有义务为股东服务，而且有义务为客户、员工、社区和环境服务，影响力需要成为每个人使命的关键部分。我们现在所处的时点，恰如当年那个风险理念催生了风险投资并投资于科技公司的时点——这一次是影响力理念催生了影响力投资，并将改变整个投资界。

70多个国家的2600多名投资者的行动体现了这一改变，[14]他们已经签署了负责任投资原则（Principles for Responsible Investment，PRI），以此来指导对90万亿美元资产的投资。他们承诺负责任地开展投资活动，创造一个更具可持续性的全球金融体系。PRI 由联合国于 2006 年确立，签署人同意在做出投资决定时考虑社会和环境因素。已经投资于改善环境、社会和治理水平的 31 万亿美元，体现了这一改变。

全球最大的资产管理公司——贝莱德集团（Black Rock）的首席执行官拉里·芬克（Larry Fink）在 2018 年发表的一封公开信中便指出了这一改变。他认为，"当今社会要求公司都应该服务于社会目标，无论是上市公司还是非上市公司。要想持久地蓬勃发展，每家公司不仅必须交出漂亮的财务业绩，还必须展示它对社会做出了哪些积极贡献"。[15]

这种改变可能会对我们的投资、经商以及消费都带来重大的积极影响。它会促进经济转型，深刻地改变数十亿人的生活和我们赖以生存的地球。影响力革命还会引领消费者、创业者、投资人、大公司、慈善家和政府创造实实在在的、可衡量的影响力。它让我们在决策时遵循"风险-回报-影响力"模型，进而让整个经济体系更新换代。

当前的经济体系已经产生了负面后果，要靠政府和慈善事业来解决它所产生的问题。这个体系已经存在两百多年了，我们所面临的问题已经变了，我们的应对方式必须随之改变。

我们思维方式的演变催生了"风险-回报-影响力"模型，也使我们的做事方法发生了革命性的改变，从而让我们可以通过影响力投资来应对挑战。在下面几章中，我们将研究创业者、投资人、大公司、慈善家和政府为了加快这场影响力革命的进程，已经在做的事情，以及下一步需要做的事情。

第二章

影响力创业的时代

盈利和公益,亦可兼得。

有人说，完美的人生模式就是：先尽可能多地赚钱，不去考虑行善，之后再成为一位慷慨的慈善家，为公益事业一掷千金。这是长久以来的传统模式，但现在，情况正在发生变化——影响力创业表明，人生可以有更好的活法——公司也可以在向善的同时赚钱。那么，这对于那些新兴的创业者来说意味着什么呢？他们正梦想着开创属于自己的事业，让世界变得更美好，却不知从何开始。

> 影响力创业表明，人生可以有更好的活法。

一些最激动人心的社会创新更多地源于问题，而非答案。这类问题包括："怎样才能用我的技能行善？""如何才能同时产生利润和影响力？""我准备好开始创业了吗？"

我在26岁的时候创立了自己的公司，它后来发展成了现在的安佰深公司。当朋友们建议先积累更多经验再创业可能更明智时，我反驳说："你不可能只在沙滩上练习就学会游泳。"当时，风险投资还是个新领域，对于立志在这个领域发展的人来说，最好的做法就是躬身入局，快速学习，争取比其他人先获得经验。今天的影响力创业亦是如此。

年轻的创业者们正在创建影响力驱动型企业，为客户提供更好的服务，改善人们的生活并帮助保护我们的地球。与在技术革命时代一样,在影响力资本主义时代,雄心勃勃的初创企业将引领着潮流。如今的年轻人,受到了"风险-回报-影响力"模型的启发,也得到了新的资金支持。他们无论是在普通工作岗位上,还是在攻读 MBA 学位的过程中,抑或是在硅谷的实验室里,都在拒绝他们前辈的那些对社会和环境有害的做法,并致力于创造影响力。年轻的创业者们正在重新审视创立"独角兽"企业(估值超过 10 亿美元的初创企业)的梦想。为什么他们不能着眼于打造一个估值 10 亿美元,同时能改善 10 亿人生活的"影响力独角兽"呢?

影响力创业"义利并举"的模式毫无疑问是符合道德要求的。与此同时,它也越来越被认为是明智的商业决定。一方面,公司能够为社会服务欠缺的人群提供产品和服务,并以此挖掘巨大的需求,从而有机会在增速上超过那些以更高价格服务于主流市场的公司。

另一方面,具有社会意识的公司还避免了政府将来可能征收惩罚性税收的风险,例如碳税。此外,消费者、员工和投资者正越来越多地避开有害的公司,转而拥抱那些能带来积极变化的公司。我曾经听商界知名人士说过,你不能同时骑两匹"马",意即不能既赚钱又行善。本章中的案例将说明,实际上,我们可以同时骑好这两匹"马"——既赚钱又行善。影响力创业就是这种让你变得更成功的可靠方式。

我们可以同时骑好这两匹"马"——既赚钱又行善。

许多人都熟知那些开拓创新的影响力创业先驱:户外服装

品牌巴塔哥尼亚（Patagonia）、汤姆布鞋（TOMS Shoes）、瓦尔比派克眼镜公司（Warby Parker）等。本章将介绍近年来以不同方式实现影响力创新的几家公司，它们涉及的领域包括技术、医疗保健、农业和消费品。它们受益于新的法律结构、新的公司认证体系和创业孵化组织的支持，得以在全球范围内进行由影响力驱动的创业尝试。

总的来说，以下所介绍的项目展示了影响力是如何改变各行各业的。它们的故事说明，并非所有的项目都需要在财务回报和社会回报之间进行取舍，实际上，这些公司往往并不是在创造影响力之余获得了财务回报，而是因为有了影响力才获得了财务回报。如果你想知道如何在做好事的同时还能获得财务回报，那么这些故事可能会激励你立即行动。其中的许多企业都是这样起步的：一个创业者发现了最新技术的新用途，并对其进行改造，以满足目标人群的需求。Zipline 便是如此。

拯救生命的无人机

2016 年 12 月 21 日，卢旺达基加利附近的一个无人机基地接到一条命令。一接到命令，一名技术人员就立即在无人机上捆绑好货物，并做好起飞准备；几分钟后，无人机就朝着目标——一家距离基地 6 分钟航程的当地医院飞去。

医院内躺着一个名叫吉斯兰的两岁女孩，她被一种急性疟疾折磨得一动不动。很快，无人机便悬停在了医院入口附近，并通过纸质降落伞投下一个红色的盒子，里面装着两个单位的冷冻血液。要是在一年前，遇到这种紧急情况，这家医院不得不派出汽车到附近的血库调取血液，往返需要 3 个小时，这么长时间的等待可能会让这个年幼的女孩失去生命。[1]

这个拯救生命的故事要从专业机器人技术创业者凯勒·里纳多（Keller Rinaudo）讲起。里纳多在 23 岁时成立了一家玩具机器人公司，之后他开始挑战自己，将业务重点放在"会对人们的生活产生深远影响的事情上"。[2] 困难在于，他不知道该怎么做，也不知道"深远影响"为何物。用他现在的话说："我曾有一段艰难的时期，那时人们都在质疑我的理智。"[3]

里纳多和他的联合创始人在全球范围内搜寻他们认为可以使用自己的技能解决的问题。在机器人技术领域，他说道，"你想要找到流程中单调和重复的地方。因为在这些地方，机器人都可以替代人类。我们在寻找物流中断的地方，因为那是我们提供服务的绝佳之地"。[4] 他决定解决医疗必需品的物流问题，例如运送用于挽救生命的输血用血液。血液存储和库存管理难度很大，这导致某些地区血液供应过剩，另一些地区则供应不足，还有血液过期变质造成的浪费。当需要血液时，病人可没有时间等待。里纳多和他的团队知道，他们可以用机器人来提高运送效率并减少浪费：他们要建一个血液存储及配送中心，并利用无人机将血液精确地运送到需要的地方。为了维持公司的正常运营，他们将对每次运送服务收取费用。

里纳多给公司起名为 Zipline，并选择在卢旺达试运行其技术和物流系统。该国山路多，道路经常泥泞不堪，车辆有时无法通行，同时，该国基础设施薄弱，不过政府内部"年轻人居多,他们能迅速做出决定并愿意承担风险"。[5]

根据里纳多的说法,使用 Zipline 可为卢旺达政府节省开支,同时还可以节省宝贵的时间以挽救生命。仅需两个配送中心,该公司的无人机就能为卢旺达 80% 的人口提供服务。[6]到 2018 年年底,该公司已运送了 15 000 个单位的血液,并计划将服务扩展到坦桑尼亚和美国,并实现婴儿疫苗、急救药品等其他医疗用品的运送。

展望未来,该公司致力于通过改进技术来提高无人机的性能。2018 年 4 月,Zipline 推出了一种新机型,"即使在高海拔、大风或下雨的情况下,其飞行距离、飞行速度、载重量也要远胜于上一代产品"。[7]该公司的长期使命是"为全球打造即时交付服务,使药品和其他产品能够实现低成本按需交付,而无须使用一滴汽油"。[8]

2019 年 5 月,Zipline 从美国风险资本那里融到了 1.9 亿美元,估值达到 12 亿美元。[9]该公司宣布将进军非洲、美洲、南亚和东南亚,目标是在未来 5 年内为 7 亿人提供服务。[10]里纳多说:"Zipline 希望在硅谷创造新的成功模式,并且向世界展示拥有正确使命和最佳团队的技术公司可以为改善地球上每个人的生活助力。"[11]

在里纳多和他的团队重新构想无人机技术的同时,另一家技术向善的创业公司——以色列 OrCam 公司,正在重新利用最初为引导无人驾驶汽车而开发的先进的人工智能技术,以帮助全球 3900 万盲人和 2.5 亿视障人士。

从无人驾驶汽车到帮助盲人

2016 年,27 岁的卢克·海因斯(Luke Hines)第一次敢想象自己上大学的场景。[12] 2018 年,退伍军人斯科蒂·斯麦利(Scotty Smiley)终于能和他的三个儿子一起阅读。[13] 2019 年,纳伊姆·巴萨(Naim Bassa)第一次在无人陪伴的情况下投出了自己的选票。[14] 这三个人都有视力障碍,因此使用了 OrCam 的可穿戴设备。该设备使用摄像头、计算机技术、机器学习和深度网络处理视觉信息,并以语音的方式将其传递给用户。

这个可穿戴设备的故事始于 1999 年。当时,阿姆农·沙舒亚(Amnon Shashua)教授和齐夫·阿维拉姆(Ziv Aviram)联合创办了 Mobileye 公司,这是一家在无人驾驶汽车上使用摄像头和人工智能代替人眼的技术公司。[15] 18 年后,他们以超过 150 亿美元的价格将公司出售给了英特尔,这是以色列历史上最大的一笔收购。[16]

此时,沙舒亚开始思考用他发明的技术帮助他那视力下降的阿姨。[17] 他和阿维拉姆于 2010 年共同创立了 OrCam,以帮助视障人士感知周围的环境。

2017 年,OrCam 发布了 MyEye2。MyEye2 完全无线化,只有手指大小,可以读取打印的文本,以及识别人脸、商品、条形码和钞票。当佩戴者将它指向某个物件时,它就会通过语音告知佩戴者这个物件是什么东西。

一位用户说,MyEye 使他能够"拿起任何东西(如报纸、书、菜单)来阅读,而无须依靠其他人。当信件从门口塞进来时，我可以自己阅读，不用麻烦别人"。[18]

截至 2018 年，OrCam 已筹集了超过 1.3 亿美元的资金，估值达到 10 亿美元。[19] 阿维拉姆说："我认为 OrCam 的潜力甚至比 Mobileye 更大。"[20] 来自澳大利亚的丽莎·海斯（Lisa Hayes）先天失明，对于她这样的人而言，OrCam 的产品是神奇的。谈到该设备时，她说："就我而言，这肯定是 21 世纪最伟大的突破。"[21]

影响力创业者会问自己："什么才是通过技术让更多人得到帮助的最佳方法？"在这个问题上，OrCam 公司的技术为我们指引了一个有趣的方向：为什么不将这些产品也用于帮助全球 7.81 亿成人文盲呢？这样 OrCam 的潜在用户量可能扩展到全球 77 亿人口的近 15%。想象一下这项技术对超过 10 亿人生活的改变，还有这些人可能对所在国经济以及世界经济的贡献和影响。影响力思维帮助我们发现了本来会错失的机遇。

许多其他初创公司正在开发旨在改善全球残障人士生活的业务。像阿姆农·沙舒亚一样，这些创业者的驱动力通常源于帮助亲友的意愿。

从一个单词到完整的对话

巴西创业者卡洛斯·埃德玛·佩雷拉（Carlos Edmar Pereira）的女儿出生于 2008 年，患有先天性脑瘫，无法走路和说话。佩雷拉渴望提高女儿的生活质量，他自学编程并开发了一款帮助残障人士与他人进行交流的软件。他说："我痴迷于计算机，深夜也在为我的女儿编写程序。"[22]

佩雷拉开发的 Livox 是一款动态软件，它可以适应人的身体和认知能力，以帮助用户与周围的人（如家人和老师）进行实时互动。佩雷拉说："比如，如果他们不能用肢体，就可以用眼睛。"[23] 通过使用平板电脑的前置摄像头，他开发了一种使用户通过转动眼珠就能与平板电脑进行交互的功能。此外，Livox 产品的价格仅为当前同类产品的零头——一个 Livox 许可证的价格为 250 美元，而由眼睛控制的设备的价格一般约为 17 000 美元。[24] 对于可以使用自己的双手甚至脚趾的人，Livox 软件可通过智能算法来调整并适应用户的独特动作，无论他们是用整只手还是用多根手指触摸屏幕，甚至是不由自主地敲击屏幕。[25] 一位自闭症儿童的母亲说，她的女儿"使用该设备后，从只能说一个单词变得可以与我进行完整对话了"。[26]

当佩雷拉决心要研发 Livox 来改善女儿的生活质量时，他希望确保该产品能同时惠及 10 亿残障人士，帮助他们过上更好的生活。他说，"他们是最容易被社会排斥的群体"[27]。佩雷拉以折扣价向巴西政府出售了大量 Livox 许可证，让很多低收入家庭也能负担得起。他渴望扩大业务范围，特别是向巴西本国的学校、医院和其他发展中国家提供服务。[28]

手机借贷

Zipline、OrCam 和 Livox 的创始人正在创建利用信息技术实现社会影响力的企业，而肯尼亚 Tala 公司的创始人席娃妮·施罗亚（Shivani Siroya）则利用金融科技和数据向无法从传统银行获得贷款的创业者提供信贷支持。

Tala 是一个在印度、肯尼亚、墨西哥、菲律宾和坦桑尼亚运营的移动贷款平台，其贷款思路是：申请人没有信用记录并不意味着他没有信用。Tala 无须依赖传统的正式记录（例如银行对账单），而是利用我们手机中已经存在的数据来决定是否给申请人贷款。智能手机用户可以下载 Tala App，该 App 将从用户的手机中抓取一万多个数据，包括 App 使用情况、通话、短信和交易记录。[29] 然后 Tala 预测该用户是否有能力偿还贷款。例如，该公司发现，如果某人手机的通讯录里存储了联系人的完整的姓和名，则此人的还款概率会更高。

Tala 的创始人席娃妮·施罗亚在印度长大。2012 年，20 多岁的她创立了这家公司。她说："我们可以根据客户设备上已有的数据，在 20 秒内预测出其信用度。"[30] 贷款获批后，客户会在手机钱包中收到款项。"我们是根据与人们的日常生活相关的数据来审核其贷款资质，而不是只盯着某一笔三年前他们未能及时偿还的款项。"[31]

每笔贷款通常为 10~500 美元，利息为 11%~15%，期限为 30 天。[32] 到 2019 年，该公司已向 400 多万人提供了超过 10 亿美元的贷款，还款率达 90%。[33] 这与公司创立之初的还款率相比已有天壤之别，当时，施罗亚将自己的钱借给了印度、加纳、马里和墨西哥的大约 50 个用户。[34] 早期，她的借款人的违约率为 30%，但随着她收集的数据越来越多，并建立了可靠的信用模型，违约率降至 10% 以下，这比传统的征信机构预测的要好。[35]

客户倾向于像使用信用卡那样使用小额贷款：2/3 的人将贷款用于自己的生意，而其他人则将其用于教育、紧急旅行、医疗或其他个人需求。在肯尼亚经营服装生意的格蕾丝说："我的顾客买衣服时通常不会立即付款，所以我会经常借钱，以确保我在等待顾客付款期间也能去市场进货。"[36]

在创办 Tala 之前，施罗亚曾在瑞银、瑞士信贷和花旗银行工作过，她很早就开始研究小额信贷。她说："我逐渐意识到，对于那些无法从传统银行获得贷款的人来说，一个主要的问题是如何让他们从小额信贷系统进入正式的信贷系统。"[37] 她向传统征信机构报告客户的还款历史以帮助他们建立公共记录，从而帮助这些小额借款人获得正式信贷。Tala 公司数据分析负责人香农·耶茨（Shannon Yates）说："我们希望强化这样一个概念，即客户可以从杠杆贷款中长期受益，即使不是立即受益。"[38]

从短期来看，Tala 使客户能够获得稳定的资金，从而减轻他们及其家人生活中的焦虑和压力。从长期来看，Tala 客户的财务状况得以改善，获得了向传统银行申请贷款的机会，增长了金融知识。[39] 这些改变不仅是这些无法从传统银行获得贷款的创业者蓬勃发展的关键，也是当地经济增长的关键。

截至 2018 年 4 月，Tala 在三轮融资中共筹集了超过 1.05 亿美元，[40] PayPal 也于当年 10 月加入了其投资人行列。[41] 在 Tala 宣布完成第三轮 6500 万美元融资的那天，施罗亚被问及如何看待公司 5 年后的前景。她回答说："我们已经证明，以不同的方式做事也能成功，使命和利润不是零和游戏，两者可以兼得。"[42]

金融科技无疑是影响力创业者改善人们生活的有力武器。生物技术——改进农业等传统领域的技术，则能提高农民生计，养活全球人口。

播种创新，养活全球人口

全球 75 亿人㊀每天都需要口粮，加之正在发生的气候变化，农业无疑是当今地球上能够产生巨大影响力的领域。研究表明，为了养活全球人口，到 2050 年，我们需要将农作物产量提高 25%～70%——我们要做的还有很多。[43]

美国马萨诸塞州一家创业公司 Indigo Agriculture，正在将微生物学应用到农业中，此举不仅提高了农作物的产量，还减少了对农药的使用。该公司的创始人受到了人类肠道微生物群落研究的启发。据说人体内的微生物群落既可以抵御病原体的入侵，又有益于人体健康，[44] 杰弗里·冯·马尔察恩（Geoffrey von Maltzahn）将这种理念应用于农业。在获得麻省理工学院生物医学工程博士学位后，他于 2016 年（他 30 多岁时）与他人共同创立了 Indigo。正如他所说，"微生物技术可能是一种影响农作物特征和特性的更强大、更自然的手段"。[45] 换句话说，充满活力的微生物群落可以更好地保护农作物免受病害、干旱和害虫的侵害，其效果远超当前常规措施。

Indigo 用特殊的方法甄别出健康作物中的有效微生物，并将其添加到出售给农民的种子中。这些经过优化的种子具备高

㊀ 原文如此，疑有误。

适应性，产量高，无须使用合成化学品即可茁壮生长。Indigo 的报告显示：优化过种子的棉花、大豆、玉米、水稻和小麦的产量提高了 6%～14%。[46]

到 2019 年，Indigo 已通过六轮融资筹集了 6.5 亿美元，估值 30 亿美元。[47] 除了对人类微生物群落的科学研究进行巨额投资外，该公司还努力通过多种技术交叉融合来提升优势，例如，将 DNA 测序技术与手机定位、数据分析等技术相结合。[48] 正如冯·马尔察恩所说："任何人只要拥有手机和一把剪刀就可以向我们提供植物样本，我们便可了解其 GPS 位置、采样时间以及该地点的气候历史，并推断出其面临的生物竞争压力状况。通过照片推断其适应性，然后以越来越低的成本分辨出植物种类，并对微生物群落进行测序。"[49]

并非所有影响力创业都这样依赖高新技术。Andela 的创始人不依靠技术创新就瞄准了目标，迎接重大挑战。他们通过商业模式进行创新，以提高新兴国家的人们获取高薪工作的能力。

在世界各地发掘光彩

2014 年，20 多岁的尼日利亚姑娘图鲁卢普·考莫雷夫（Tolulope Komolafe）以辅导学生数学为生，每月收入 25 美元。[50] 她虽拥有计算机科学学士学位，[51] 但已成为约占该国人口总量 40% 的失业或未充分就业人群的一分子。[52]

当一家拉各斯的初创公司对考莫雷夫承诺在培训她成为跨国公司软件开发人员的同时付给她薪水时，她起初以为自己被骗了，"这种事情简直就是'天上掉馅饼'"。[53]但作为全球人才加速器的科技公司Andela发布的这一岗位信息确实合法可信。

考莫雷夫从2500名申请者中脱颖而出，成为该公司第二批科研人员（共20人）中的一员。[54]她很快就参加了编程训练营，并接受软技能培训。[55]经过1000小时的专业学习，她被认为有能力为Andela的客户工作，[56]这些客户包括大型公司IBM，以及GitHub等较小的公司。[57]

与通常采取低价策略的外包模式不同，考莫雷夫和她在Andela的同事被派遣到客户公司内部开展工作，有些客户公司甚至给Andela的科研人员授予了股权。[58]Everplans是考莫雷夫服务过的一家临终服务平台，该公司曾邀请她去美国纽约市参加迎新会，她在那里见到了曾经一起工作了几个月的同事。[59]2016年，Andela联合创始人兼总裁克里斯蒂娜·萨斯（Christina Sass）称考莫雷夫为自己公司的明星程序员。[60]

Andela于2013年成立，当时，20多岁的尼日利亚"连续创业者"依诺鲁瓦·阿波耶基（Iyinoluwa Aboyeji）联系上了美国教育科技创业者杰里米·约翰逊（Jeremy Johnson）。约翰逊很快就同意担任这家新公司的首席执行官，他还把萨斯拉进了公司。

这次创业背后的驱动力源自这样一个信念：尽管机遇并非处处均等，但人才到处都是。公司团队努力寻找并培养优秀的人才，使之成为技术专家，以填补某些国家的人才空缺。在某些国家，初创公司之所以成长受阻，恰恰是因为技术人才匮乏及人力成本高昂。

在沉浸式学习期间，大多数Andela科研人员都住在"校内"的补贴住房里。[61] 萨斯说:"长远的目标是'放飞'这些人才,将他们派往各地,真正地传播和引领整个非洲大陆的技术浪潮。"[62] 按萨斯的说法,1/4 的 Andela 科研人员想创办自己的公司,[63] 而其他人则可能会成为当前所服务的公司的技术领导者、组织顾问,或帮助 Andela 扩展其模式。[64]

Andela 专注于劳动力发展、教育和科技,其长期目标是帮助非洲发展科技,Andela 已经受到明星投资人的注意。2015 年,美国在线联合创始人史蒂夫·凯斯(Steve Case)和奥米迪亚(Omidyar)参与了该公司首轮总计 1000 万美元的融资。据悉,该笔融资将帮助 Andela 在整个非洲大陆扩张。[65]

一年后,Andela 吸引了脸书创始人马克·扎克伯格(Mark Zuckerberg)和他的妻子普莉希拉·陈(Priscilla Chan)的注意,他们通过"陈和扎克伯格基金会"(Chan Zuckerberg Initiative,CZI)领投了 Andela 第二轮 2400 万美元的融资。实际上,Andela 是 CZI 的第一笔主要投资,GV(前身是谷歌公司风险投资部)、Spark Capital、Omidyar Network、Learn Capital 和 CRE Venture Capital 也参与了该轮融资。投资了 Andela 后不久,扎克伯格前往拉各斯,探访了 Andela 的办公室,并会见了公司员工。萨斯在接受采访时说:"我们对所有申请者都说过,尤其是在公司发展初期……我们将向全世界推介他们的才华。马克·扎克伯格走进来的那一刻,对他们来说,真是令人难以置信。"[66]

2017 年,该公司在 CRE Venture Capital 领投的第三轮融资中筹集了 4000 万美元。这是有史以来,由非洲风险投资公司牵头向一家非洲公司投资的最大单轮融资。这笔新资金将助力 Andela 公司把业务扩展到另外两个非洲国家，并使其科研人员增加一倍。[67]

截至 2019 年，Andela 已收到了超过 13 万份求职申请，并选拔了 1500 名科研人员为 200 多个客户提供服务。正如《经济学人》所言，Andela"展示了自己如何从拉各斯一个时髦的办公楼向世界各地的大客户做智力出口，而无须在靠近拥挤的港口或铁路线的地方设立办公室"。[68]

同年，第四轮 1 亿美元的融资完成，Andela 的总融资额达到 1.8 亿美元㊀。该轮融资由阿尔·戈尔和大卫·布洛德创立的以可持续发展为重点的投资公司——世代投资管理公司（Generation Investment Management）领投。[69]

至于考莫雷夫，她说她的目标是利用自己的编程能力创造影响力。她说："从长远来看，我想加入一个解决问题的团队，比如解决虐童问题。每天，我都在思考如何使用我掌握的技术去解决这个问题。"[70]

影响力创业者还可以通过革新传统产品来建立成功的公司。美国加利福尼亚州的 Revolution Foods 和以色列的 Nazid Impact Food，正是通过关注世界不同地区学童的健康来做到这一点的。

为孩子们提供成功的动力

想象一下，你是一个小孩，早上饿着肚子醒来，身上却没

㊀ 原文如此，疑有误。

有一分钱。你不吃早餐就去上学,你今天的第一顿饭是学校食堂提供的午餐。你排队等候时已经饿得前胸贴后背了,可轮到你时,大厨把几乎认不出来是什么东西的食物放进了你的盘子里。你几乎没有一点食欲,但是很快,午餐时间就结束了。

对于许多学生来说,这种生活是常态,甚至在发达国家也不例外,但他们仍然被要求在上课时集中注意力。[71] 在美国,超过1300万儿童饿着肚子去上学。学校的食物质量可能很差,而且令人毫无食欲。这样的午餐会导致孩子们转向垃圾食品,或者干脆就饿着。正如《纽约时报》的一位撰稿人所说:"标准的学校餐食对于遏制美国不断上升的儿童肥胖率收效甚微,甚至还可能成为其'帮凶'。"[72]

饥饿的孩子们在学业上面临挑战,因为饥饿会抑制注意力集中,并可能导致行为问题。[73] 由于美国儿童在学校里消耗的卡路里占全天消耗的一半,[74] 因此确保其获得优质食物应是当务之急,但预算却是个颇具挑战的难题。

前述美国学童,是幸运的,克尔斯滕·塞恩斯·托比(Kirsten Saenz Tobey)和克里斯汀·格罗斯·里士满(Kristin Groos Richmond)创立了Revolution Foods,以促进学生养成健康的饮食习惯。两人在加州大学伯克利分校的哈斯商学院MBA课程开学的第一天相识,并成为密友。两人都有教育领域工作背景,也都有海外生活经历,里士满还曾在金融行业工作。

两人在读研究生期间制订了一项创业计划,希望"以可控的成本制作食材新鲜的餐食"。[75] 托比说:"我们在课堂上花了很多时间来撰写公司的商业计划书,并深入我们想要服务的学校，与学生、老师、学校领导和相关负责人讨论他们所看到的改善学校餐食质量的机会。"[76]

2006年毕业后，他们立即在美国加利福尼亚州奥克兰市中心启动了一个试点项目，每天在租用的厨房里为儿童准备300份餐食。每天的食物都是新鲜制作的，不含人造色素、调味剂、防腐剂和甜味剂。他们提供不含激素的牛奶和肉类，并优先考虑使用有机的和本地种植的食材，也就是家庭主妇们所说的"真正的食物"。[77]

该公司一开始主要为特许学校和面向低收入群体的学校提供服务。到了2012年，Revolution Foods已为包括得克萨斯州、纽约州和路易斯安那州在内的11个州的850所学校，每天提供20万份餐食，[78]这些学校大部分为公立学校，其中80%的学生因家庭收入低而有资格加入免费或低价午餐计划。[79]托比说："那确实是我们公司的创业初衷——确保在学校领免费午餐的孩子可以获得和其他孩子一样高品质的食物。"[80]

此举在几个方面产生了积极影响。里士满说，根据客户反馈，健康的食物让儿童"更集中注意力，更少受到纪律处分，更少需要医疗服务，更少缺席"。[81]

2014年，史蒂夫·凯斯（Steve Case）通过他的Revolution Growth基金向Revolution Foods投资了3000万美元。他说："仅在美国，学校午餐供餐服务就是一项价值160亿美元的业务。"[82]到2015年，该公司的收入达到了8000万美元。[83]到2019年，该公司已经筹集了近1.3亿美元的资金，[84]收入达到1.5亿美元。[85]到目前为止，公司每周在美国400个城镇提供超过250万份餐食,[86]仅在纽约州和新泽西州提供的餐食量就超过22.5万份。[87]托比说:"我们的最终目标是为孩子们提供成功所需的动力。"[88]

在提供更健康、更美味的学校餐食项目上,影响力创业精神的力量是不分国界的,美国Revolution Foods公司的进取创新精神,在地球另一端的以色列贝都因社区中也同样存在。

贝都因人拥有独特的文化和历史,同时又是以色列社会服务最欠缺的群体之一。贝都因社区失业率很高,约为40%,其平均工资不到全国平均工资的一半。妇女通常在公平和有效就业方面面临更大的障碍。

创业者易卜拉欣·纳萨拉(Ibrahim Nassara)来自一个社会经济排名最低的贝都因小镇,他意识到他所在的社区对健康的学校餐食的需求尚未得到满足。他于2011年创立了Nazid Impact Food公司(简称"Nazid公司"),以改善贝都因儿童的学校补贴的午餐的质量。Nazid公司从三位女性员工每天做300份餐食起家,发展到现在,雇用了100多名来自贝都因社区的员工,每天为以色列各地的学校准备2万多份餐食。

Nazid公司通过两种方式实现影响力。一方面,公司通过提供健康、美味的食物,改善社会服务欠缺社区的小学生的营养状况。另一方面,它通过同工同酬等就业政策,改善了贝都因家庭的收入,并让贝都因女性进入职场,帮助她们实现个人和经济独立。该公司的影响力在2019年得到认可——Nazid从Bridges Israel影响力基金获得了400万美元的投资,成为第一家由贝都因人领导的获得私募股权基金投资的公司。[89]

影响力是这一代人的标志

尽管并非上述的所有企业都在衡量其影响力,但它们都将影响力纳入自己的商业模式中,并且其影响力越大,赚的钱就越多。全球许多此类企业都前景光明。从水质监测到消费品,年轻的、雄心勃勃的影响力创业者们遍布各个领域。

水质监测初创企业 KETOS 的创始人米娜·桑卡兰(Meena Sankaran)在印度长大,小时候不幸感染了水源性疾病。她因此受到激发,决定采取行动。她于 2019 年创立了 KETOS,并且筹集到了 900 万美元,致力于使用软件和数据分析技术来标记水污染,并且成本远低于其他监测措施。[90] 水质问题不仅仅出现在发展中国家,美国密歇根州弗林特市的水危机事件证明,较富裕国家陈旧的基础设施也可能危及水资源。[91] 桑卡兰说:"智能水网管理……不只是值得拥有,而是必须拥有。"[92]

对于水、空气和食物等必需品,我们能够产生的影响力是巨大的。在消费品领域,我们同样可以产生巨大的影响力。汤姆布鞋以"卖一双捐一双"模式而闻名,消费者每购买一双鞋,汤姆布鞋就会向有需要的人捐赠一双鞋。正面的消费者评价使该公司的商业模式得到迅速推广。例如,在得知袜子是流浪者收容所中最受欢迎的物品后,美国创业者兰迪·戈德伯格(Randy Goldberg)和戴维·希思(David Heath)于 2013 年创立 Bombas,该公司向消费者出售高档袜子,同时向流浪者收容所捐赠袜子,到 2019 年,他们已经捐赠了超过 2000 万双袜子。[93]

另一种在零售行业已获得广泛关注的影响力商业模式是为原本会被填埋的废弃物品赋予新生。在英国，Elvis & Kresse 就是这样一家社会企业。该公司将废旧消防水带、废旧皮革和其他二手材料制作成钱包和皮夹。自 2005 年以来，该公司回收利用了 175 吨废旧消防水带，并与时尚品牌博柏利（Burberry）合作使用皮革废料。[94] 它们还将其利润的 50% 捐赠给慈善组织。[95] "当我们着手解决废旧消防水带问题时，我们在五年内就实现了这一目标。"该公司联合创始人克莱斯·韦斯林（Kresse Wesling）表示，"废旧皮革问题比废旧消防水带问题要大 8 万倍。[96] 因此，不仅我近期的人生规划肯定将与解决废旧皮革问题有关，而且中期人生规划也是这样。"[97]

在我看来，这些影响力商业模式将成为千禧一代的标志。在此之前，杰出的年轻科技创业者们，如史蒂夫·乔布斯、比尔·盖茨、拉里·佩奇和马克·扎克伯格，将高科技发展到了令人目眩的高度，并在此过程中改变了所有人的生活。

我可以看到高科技给商业带来的颠覆与当前影响力带来的颠覆之间的巨大相似之处。我也相信，我们将看到影响力创业者的野心和成功能够与科技创业者们相提并论，并且就其对地球的积极作用而言，影响力创业者将超越前辈。

迄今为止，最著名的影响力创业者是埃隆·马斯克（Elon Musk）。尽管马斯克有自己的特质，他创立的高端电动汽车公司特斯拉也面临着各种挑战，但毋庸置疑的是，马斯克以一己之力改变了整个汽车行业。

特斯拉最新的影响力报告显示，该公司已经售出了 55 万辆电动汽车，行驶总里程超过了 100 亿英里○。与燃油汽车相比，这意味着减少了 400 万吨的二氧化碳排放。[98] 通常，每排放 1 吨二氧化碳所造成的环境损害是 300 美元，按照这个标准计算，特斯拉相当于减少了 12 亿美元的环境损害。

马斯克和特斯拉的故事鼓舞了新一代创业者，激励他们改善空气质量并减少对化石燃料的依赖。从印度的新兴公司如 Ather Energy（一家被称为"两轮特斯拉"的电动自行车制造商）[99] 到十几家获得数十亿美元资金支持的中国汽车厂商，全世界都在期待电动汽车能取代燃油汽车。一家位于上海的电动汽车初创企业的负责人说："特斯拉为我们铺平了道路，现在，我们要更进一步。"[100]

辨识影响力企业

现在是开展影响力业务的最佳时机，部分原因是法律和监管环境正变得更加友好，这使企业能够超越传统的法律义务，不必再一味寻求利润。最前沿的尝试发生在美国，自 2006 年在美国成立以来，B Lab 一直"服务于那些用商业来行善的企业家"。B Lab 中的"B"代表"造福他人"。

B Lab 是一家全球性非营利组织，它向符合社会和环境绩效既定标准的营利性公司授予私人认证。B Lab 会根据 180 个不同的影响力指标给想要通过认证的每家公司打分，所打的分数反映了这些公司实现社会和环境绩效、责任感及透明度这几方面标准的能力。[101] 要想通过认证，一家公司必须获得足够高的分数。

○ 1 英里＝1.61 千米。

该分数每三年重新评估一次。

目前,在64个国家和地区的150个行业中,大约有3000家获得认证的B型企业,其中包括巴塔哥尼亚、Warby Parker、Revolution Foods和Ben & Jerry's公司。[102]

正如我们将在第四章看到的,像达能(Danone)这样的大公司的3个子公司也已经获得了认证,其北美分公司是全球最大的B型企业。由于B Lab的努力,2010年,美国在法律上引入了一种新的公司形式:共益企业。

共益企业的法律形式使公司摆脱了利润最大化的义务,公司能够既赚钱又寻求影响力,而不必担心股东会采取法律行动。[103]共益企业在做决策时,不必承担传统的股东委托责任——不惜一切代价实现财务回报最大化。这样,共益企业可以在关注股东的财务回报的同时,兼顾员工、社区和环境利益。这为共益企业遵照其道德目的行事提供了法律保护。

在美国,已有34个州制定了共益企业相关法律,还有6个州正在制定中。[104]到2019年年中,美国已经成立了5400多家共益企业。巴塔哥尼亚和Kickstarter既是经过B Lab认证的B型企业,也是法律认可的共益企业。

类似的尝试也在英国出现。2005年英国引入了社区利益公司(Community Interest Company,CIC),允许小公司将其利润和资产用于公益事业。引入这一公司形态后的头10年,有超过1.4万家公司注册成为社区利益公司。[105]这种通过立法明确社会企业地位的趋势正在扩展到其他国家,例如法国(我们会在第六章讨论)、卢森堡和意大利。

影响力创业者网络

对于所有创业公司而言,导师指导和种子投资都至关重要。近几十年来,很多创业营组织不断开拓创新,帮助孵化了一些影响力创业项目。非营利性组织爱创家(Ashoka)就是一个很好的例子。该组织由比尔·德雷顿(Bill Drayton)于 1980年创立,旨在通过社会创业缓解收入不平等现象。该组织寻找那些能够规模化解决社会挑战的创业者,并在他们努力实现自己愿景的过程中给予支持。爱创家向这种创业者——被称为"爱创家伙伴"(Ashoka Fellows)——提供津贴,解决他们的后顾之忧,使他们能够致力于实施社会创新,其最终目的是帮助他们建立可自我持续的机构。

自成立以来,爱创家已建立了全球最大的社会企业家社区,在全球 90 多个国家和地区资助了 3500 多名爱创家伙伴。[106]

绿色回声(Echoing Green)是该领域的另一位领导者。自1987 年以来,这家全球性非营利组织致力于向符合条件的服务型组织提供种子资金和战略支持。他们支持的组织为 1200 万名学生(来自 3700 所学校)、370 万名患者和 27 万名社区卫生工作者提供服务。[107] 知名的绿色回声伙伴包括非营利组织"为美国而教"(Teach For America)的联合创始人温迪·科普(Wendy Kopp),该非营利组织的做法是培训大学毕业生和专业人士,让他们在美国或者前往其他国家和地区担任为期两年的志愿者教师,以支持教育公平。

另一个鼓励高影响力创业者的组织是 Endeavor,由琳达·罗滕伯格（Linda Rottenberg）于1997年创立，在全球拥有50个办事处，其资金规模达1.15亿美元。该组织寻找影响力创业者，并为其提供导师指导和共同投资服务。[108]

诸如爱创家、绿色回声和Endeavor这样的开拓性组织，共同推动了影响力创业精神的发展。这些组织发挥榜样作用，在全球范围内推动影响力创业，并将其融入现代商业思想。

影响力创业者世代涌现

当前的形势要求我们采用创新的解决方案来应对社会最紧迫的挑战。对于年轻的创业者来说，本书讨论的例子将提供巨大的启发。在世界各地，年轻的创业者们正在利用其前辈带给世界的新技术，为最棘手的问题提供创新性的解决方案。当创业者们同时追求利润和影响力时，他们能够在不牺牲财务回报的情况下找到成功的途径，并且往往能将影响力转化为成功的关键驱动力。由于他们将影响力置于公司商业模式的核心，因此其利润与影响力可以并驾齐驱、共同增长。

随着"风险－回报－影响力"模型颠覆了主流商业思维，政府也引入新的激励措施来推动影响力创业，影响力创业者们将彻底改变我们改善世界的方式。第一代影响力创业者已经向我们展示了如何加快社会进步和使社会更加公平，以及如何进一步推动政府和慈善家改善人们的生活和拯救地球。

如果你敢于创新和领先，请允许自己尝试和失败，最重要的是树立一个宏伟的目标——既赚钱又行善。你的公司将为社会带来积极的变化,你也将在如何更好地平衡利己和利他方面成为他人的榜样。

我的座右铭是"年轻人当志存高远,锲而不舍"。选择一个会影响很多人的问题,并寻求可以解决该问题的产品或服务,将影响力放在业务的核心并进行衡量,而不是简单地将其作为你关注的并行目标,力争产生深远和广泛的影响。长此以往,当你的公司成功时,就可以同时实现这两个目标——既有利润,又有影响力。当你创造的影响力是公司业务的固有部分时,你就不必在影响力和利润之间做平衡,而是可以像其他雄心勃勃的创业者一样始终保持专注。

> 选择一个会影响很多人的问题,并寻求可以解决该问题的产品或服务。

影响力能帮助你成功。它将使你能够招募到最优秀的人才,因为人才会被那些行善的公司所吸引。最好的初创公司是能够解决重大问题的公司,因为它们最擅长吸引最有才华的精英,并团结他们去追求鼓舞人心的使命。最后,随着影响力投资行业的发展,这一投资趋势很快将主导金融市场。投资人会努力寻找像你这样的人,因为你是先行者。

上一代的年轻技术创业者与正在崛起的影响力创业者之间存在一个很大的差异:技术创业者只能在少数稀有的环境里茁壮成长,例如硅谷;而影响力创业者可以在任何有重大社会和环境问题需要解决的地方成长。影响力创业者和技术创业者有着相同的热情和志向,都乐于引领变革,致力于掀起一股创业浪潮,为更美好的新世界建立新常态。

第三章

影响力投资建立新常态

我们的投资决策必须基于
"风险－回报－影响力"模型。

当全球最大投资公司贝莱德的首席执行官拉里·芬克以公开信的方式，敦促企业考虑它们对环境的影响时，人们会拭目以待；当工人们说他们想把养老金储蓄从投资于有害的公司转移到有社会责任感的公司时，养老基金会洗耳恭听；当那些在世界上规模名列前茅的化石燃料公司面对数百名知名投资者要求它们减少排放的压力时，它们也会择善而为。

这些行动有什么共同之处？它们是由那些对世界越来越有责任感的投资者们发起的，标志着投资者看待被投公司的理念在转变。这些投资者们愈发认识到：为了改变世界，他们必须改变做生意的方式。

我们可以利用个人的力量，要求我们所支持的公司做得更好；我们也可以选择将资金投向那些旨在对社会和地球产生正面影响力的公司，比如前一章中探讨的那些公司。与其指责私人部门，不如我们行动起来，用集体的力量改变现状。

从美国到日本、法国、英国、北欧和荷兰，投资者们前所未有地在决策中优先考虑影响力。这种正面且不断积聚的能量令人印象深刻——它的规模是全球性的，积聚的步伐还在加快。

近年来，机构投资者对 ESG 投资的承诺在显著增长。ESG 投资也称为负责任投资（Responsible Investment，RI），其主要目标是将危害降到最低，此类投资会对负面影响进行评估，排除"有害"的公司，如烟草公司、煤炭公司或使用童工的公司。在过去的两年里，ESG 的市场规模从 22 万亿美元增长到 31 万亿美元，[1] 占全球可投资资产的 15%，相当于专业管理资产的 1/3 以上。

在 ESG 范畴内，投资者对绿色债券的需求日益增长，这是标志此种新投资方式兴起的一个有趣指标。绿色债券是为环境项目提供资金的传统债券。投资者对绿色债券的需求在飙升，2019 年，这种债券的新发行量超过了 2000 亿美元，[2] 比 2018 年的发行量增长了 50% 以上，[3] 累计发行金额达到 7500 亿美元。

难怪英国施罗德资产管理公司（Schroders）的首席执行官彼得·哈里森（Peter Harrison）最近宣称，影响力现在是投资行业的"大趋势"。施罗德资产管理公司的资产规模为 4500 亿英镑。

但投资者有理由担心"影响力漂洗"，即把现有活动简单地粉饰为影响力行为，而所产生的影响力实际上并没有任何变化。因此，我们迫切地需要提高标准。我们需要确保创造影响力的意图能够转化为实际的影响力，为了确保实现这一点，我们必须衡量它。这就是影响力投资的作用所在。

影响力投资在两个方面比 ESG 投资更进一步：首先，它不仅避免产生负面影响力，而且要创造正面影响力；其次，它坚持衡量自己所创造的影响力。ESG 投资不进行衡量，通常只是以定性的和非标准化的方式评估公司政策的效果。这种评估是不精确的，它无法使人们在公司之间做出可信赖的准确比较。相比之下，真正的影响力投资舍弃了这种不精确的评估，转而用可靠的影响力数据来衡量效果。自 2016 年以来，影响力投资市场的规模几乎每年都翻一番。2017 年，这一数字约为 2300 亿美元，2018 年为 5020 亿美元，[4] 现在，它正向第一个 1 万亿美元的目标挺进。

对影响力投资的需求是巨大的。世界银行的子公司国际金融公司（IFC）估计，目前投资者对影响力投资的需求不低于 26 万亿美元，是 2018 年影响力投资市场规模的 50 倍。由于存在如此巨大的未被满足的需求，我们预计这个市场在未来几年还将继续快速增长。

一些全球超大规模的资产管理公司和养老基金之所以将影响力放在高优先级，原因很简单，它们的客户要求进行影响力投资，尤其是年轻的客户。美国信托（US Trust）的一项研究称，千禧一代比之前任何一代都更重视投资于有着更高远的社会使命感的组织。[5] 麦肯锡最近的一份报告表明，千禧一代投资于对社会有正面影响力的公司的可能性是投资于其他公司的两倍。[6] 在未来几十年里，千禧一代将从婴儿潮一代的父母那里继承巨额财富：仅在美国，遗产总额就达到 30 万亿美元。[7] 因此，千禧一代将成为改变投资方式的主要力量。

随着影响力投资经理们展现出他们能够将影响力和财务回报有效结合起来的能力，影响力投资将不仅仅是一种道德选择，更是一种明智的商业决策。投资者将逐渐认识到，对影响力的追

> 影响力投资将不仅仅是一种道德选择，更是一种明智的商业决策。

求,不再是提升财务回报的包袱,而是驱动力。

这将如何实现呢?正如前一章所讨论的,当我们优化"风险-回报-影响力"模型时,我们可以通过多种方式降低风险。首先,我们避免了投资于"有害"的公司可能带来的风险:未来的监管、税收甚至某些可能让整个业务停摆的禁令等风险。举个例子,世界上最老练的投资者之一、耶鲁大学的大卫·史文森⊖(David Swensen)最近给耶鲁投资组合被投公司的首席执行官们写了一封信,强调气候变化因素引导着耶鲁的投资政策。他要求他们在公司报告中考虑化石燃料的影响——他担心政府可能会引入碳税,这会损害这些公司的盈利能力。

世界上表现最好的对冲基金经理之一克里斯托弗·霍恩爵士(Sir Christopher Hohn)写给其投资组合被投公司的首席执行官的信,也体现了针对污染公司的"股东积极主义"。他要求这些公司减少温室气体排放,并披露它们的碳足迹。他说,投资者"可以使用手里的投票权,迫使那些拒绝认真对待环境排放问题的公司做出改变。投资者既然拥有这种权力,就必须使用它"。[8] 简言之,"有害"的业务的风险已经很高了。

不负责任的公司还面临另一种风险:消费者、员工和投资者可能会为了追求更一致的价值观,投入竞争对手的怀抱。那些优先考虑了影响力的投资者,自然而然就规避了这些风险。

但影响力的作用不仅仅限于降低风险,它还可以通过打开新机遇的"大门"来提高回报。例如,一家公司为社会服务欠缺的人群提供低成本产品,这听起来可能不像是一个很好的投

⊖ 已于 2021 年去世。

资机会，但如果它挖掘出了大量的潜在需求，这可能会让它比服务于更成熟市场的竞争对手获得更多盈利。

正如我们在前面关于影响力创业的讨论中所说的，当我们通过影响力的视角看世界时，我们发现了本来可能会忽略的，但可以实现更高增长和回报的商业机会。简言之，做好事可以成就优秀的商业模式。

从衡量风险到衡量影响力

对风险的衡量始于 20 世纪下半叶，[9] 它的出现对世界各地的投资组合产生了深远的影响。"风险调整后收益"的新概念促使投资者在预期收益足够高的情况下，在投资组合中增设了高风险资产类别。这一做法引发了投资组合多元化的想法，从而酝酿并诞生了风险投资、私募股权投资和对新兴国家的投资等新的资产类别，这些新的资产类别有着更高的风险和更高的回报。因此我们可以看到，风险思维在对风险进行衡量之后，可以带来比以前更高的回报水平。直到 20 世纪 70 年代，投资者的普遍看法是只投资于自己国家的股票和债券。风险思维引导投资者开始向新兴国家投资。

这段历史对今天有启示，因为影响力可以比风险更可靠地被衡量，而且我相信，我们将看到它在影响力加权报表（一套能同时反映一个公司的影响力和财务业绩的报表）中被系统地衡量。一旦这种报表开始出现，影响力思维将产生重大影响，就像之前的风险思维一样：投资组合将发生变化，在带来财务回报的同时，还将产生可衡量的社会和环境影响力。

我们在第一章中看到的 SIB 是影响力投资创新的一个很好的例子。由于 SIB 的回报基于社会或环境成果的实现程度，所以其回报基本上独立于股市或利率的波动。因此，在股市暴跌或利率飙升时，SIB 可以降低投资组合的波动性，提高回报。

SIB 和 DIB 清晰地展示了"风险–回报–影响力"模型的内在逻辑，通过优化这个模型，我们可以到达一个更高的有效边界：在同样的风险水平上，我们可以实现更高的回报，可以产生更大的影响力。由于投资对于经济发展的引领作用，"风险–回报–影响力"式投资将推动我们走上影响力经济的道路。影响力会融入在投资过程中做出的每一个决定，于是，正如我们将在下一章中看到的，也会影响公司在经营中所做的每一个决定。

> 由于投资对于经济发展的引领作用，"风险–回报–影响力"式投资将推动我们走上影响力经济的道路。

提高门槛

有一些组织已经在为提高影响力的标准而努力了，世界银行是其中的一股重要力量。2019 年 4 月，在克里斯塔利娜·格奥尔基耶娃（Kristalina Georgieva）的积极领导下，世界银行集团成员 IFC 发布了其重要报告《影响力的承诺》和《影响力管理操作原则》。

《影响力管理操作原则》旨在提供"影响力投资的市场标

准"。它强调了对影响力投资取得的成果进行独立核查的重要性，以及敦促"投资者寻求以一种自律且透明的方式同时取得财务回报和对社会产生正面影响力"。[10]"核查""自律"和"透明"这三个词对于推动影响力投资达到更高标准至关重要。

迄今为止，IFC 的《影响力管理操作原则》已被 80 多家全球性投资机构采纳，[11] 它们包括多边发展机构、银行、商业公司、保险公司和资产管理公司。它们总共持有超过 3500 亿美元的影响力投资，这一数字相当于全球影响力投资总额的 70%。[12] IFC 首席执行官菲利普·勒·奥鲁（Philippe Le Houérou）宣称，"影响力投资现在有成为主流投资的潜力了"。

关注 SDG

2015 年，随着联合国可持续发展目标（SDG）的发布，影响力投资运动获得了关注，其紧迫性也得到了认可。世界各国领导人齐聚一堂，为建设一个更加公正和可持续的未来制定议程。SDG 涉及 17 个领域，包括消除贫困和饥饿、人人享有水和能源、包容和公平的优质教育、环境管理和人权保护等，预计到 2030 年实现这些目标。

为实现 SDG，未来 10 年需要追加 30 万亿美元投资。要达到这个数字，私人部门的巨大金融资源是必不可少的——这些钱不能仅仅来自政府和慈善组织。如果我们能让 31 万亿美元的 ESG 投资产生真正的影响力，私人部门自己就可以填补这一缺口。为此，我们需要对 ESG 投资进行影响力衡量。

30万亿美元有多少？2016 年全球投资总额约为 215 万亿美元。正如我们已经提到的，慈善基金会每年在全球范围内捐赠大约 1500 亿美元，[13] 而经合组织各国政府每年仅在卫生和教育方面的支出就高达 10 万亿美元。

2016 年投资资金的来源　　　（单位：万亿美元）

养老基金	38.3
保险公司	29.4
主权基金	7.4
高净值人群	72.3
大众富裕人群	67.2
合计	214.6
其中：专业管理资产	85

注：出自普华永道会计师事务所 2017 年报告《资产和财富管理革命：拥抱指数级变化》。

2018 年金融市场规模　　　（单位：万亿美元）

全球股市总市值①	74.7
债券市场	102.8
私人投资② －风险投资和私募股权投资 －不动产投资 －基建投资	5
合计	182.5

①出自 SIMFA《资本市场 2019 年鉴》。
②出自麦肯锡《2018 年全球私人市场回顾》。

我们需要对当前的 ESG 投资进行严格的影响力衡量，将这些 ESG 投资转型为影响力投资。与此同时，我们也要发展出新的影响力投资形式。这样双管齐下，影响力投资的规模应该能在 21 世纪 20 年代超过全球可投资资产的 20%，达到 40 万亿美元以上。但我们到底要如何实现这一目标呢？

无论我们是拥有养老基金的工人，还是持有基金、拥有人寿保险单的人，或者是富有到可以通过自己的家族办公室进行投资的人，我们都能对自己的投资组合施加影响。通过施加这种影响，避开"有害"的公司，找出"行善"的公司，我们可以为实现 SDG 提供资金，为建设一个更加公平和可持续的世界做出直接的贡献。

到目前为止，在影响力投资方面表现最出色的投资者群体是养老基金（规模达 38.3 万亿美元）和资产管理公司（规模达 85 万亿美元）。下面让我们从养老基金开始讨论。

养老基金

当我们听到"养老基金"这个词时，我们会想到什么？大多数人完全不知道养老基金是如何投资的，也不知道养老基金投资组合会对世界产生什么样的影响力。养老基金投资经理的每一个决策都能对资本市场产生深远影响。2016 年，全球养老基金共持有 38.3 万亿美元资产，[14] 占全球总可投资资产的近 20%。如果我们的养老基金投资经理可以优化其投资组合的"风险－回报－影响力"模型，他们就可以极大地助力 SDG 的实现——我们没有理由不对我们的养老基金的投资方式施加更多干预。

事实上，在我们这些拥有养老基金的人中，有相当一部分人希望投资经理与自己的价值观保持一致。BSC 2017 年的一份报告指出，几乎一半的投资者希望投资于反映其价值观的公司，医疗、社会护理、环境项目和住房是首选领域。[15] 我们中的一些人正在将这种愿望转化为行动，这从世界各地养老基金经理正在改变的投资方法上也能反映出来。在这种压力下，根据 ESG 投资的趋势，他们开始调整其投资组合的配置。

欧洲的养老基金经理，尤其是荷兰人，走在了前面。2015 年联合国宣布 SDG 时，荷兰制订了一项行动计划来推进这些目标：一批养老基金、保险公司和银行于 2016 年 12 月联合起来，推出了荷兰 SDG 投资议程。

这个议程是开创性的，它在国家层面建立了支持可持续投资的共识。它拥有 18 个签署方，它们一共管理着超过 3 万亿美元的资产，签署方包括荷兰一些领先的养老基金：管理着 2180 亿欧元的 PGGM，[16] 管理着 5050 亿欧元的 APG，[17] 管理着 1300 亿欧元的 MN。

在签署 SDG 投资议程时，MN 首席投资官杰拉尔德·卡蒂尼（Gerald Cartigny）表达了背后的想法："只关注财务回报不足以保证未来退休人员的生活质量。我们发自内心地将可持续发展理念纳入我们的投资组合，并尽我们所能，为实现 SDG 做出贡献。"[18]

PGGM 是世界领先的影响力驱动型养老基金之一，其在气候、粮食安全、水资源短缺和健康这四个 SDG 主题上已经投资了大约 120 亿欧元，[19] 它的授权投资总额至少有 200 亿欧元。[20] 负责任投资高级顾问皮埃特·克洛普（Piet Klop）说，该公司正在经历一场文化变革，"需要对自己问责，对影响力进行衡量，最终实现对影响力的管理"。[21]

同样地，荷兰另一家为金属和电气工程行业提供服务的养老基金 PME，在 2017 年初宣布将其 450 亿欧元投资组合的 10% 与 SDG 挂钩。这项新战略将专注于投资这样几个领域：价格合理的可持续能源、增加就业机会和促进经济增长、可持续创新和可持续城市。截至 2018 年年底，PME 报告称其 8.8% 的投资对实现 SDG 做出了贡献，并计划很快使这一比例达到 10%。[22]

荷兰公务员养老基金 ABP 表示，它希望将配置于"高可持续性投资"的资产增加一倍，达到 580 亿欧元。ABP 会优先关注减少碳足迹、投资教育、促进创造安全的工作条件、尊重人权和消除童工等议题。[23] ABP 还宣布，它将清理其在烟草和核武器领域价值约 33 亿欧元的全部持股。近年来，其他几家荷兰大型基金也将烟草公司从其投资组合中剔除。[24]

越来越多的其他国家的养老基金也在朝着同样的方向发展，包括挪威的 KLP、瑞典的 AP 基金、丹麦的 Pension Danmark 和英国的国民就业储蓄信托基金（National Employment Savings Trust，NEST），这凸显了这些养老基金的投资者特别在乎这类议题。因此，NEST 开始用"气候意识觉醒"投资策略来指导投资，减少对高碳排放企业的投资，增加对可再生能源企业的投资。[25] NEST 首席投资官马克·福西特（Mark Fawcett）指出，该基金最年轻的投资者只有 17 岁，这表明他们是该基金中负责任的长期投资者的代表，"我们担不起忽视气候变化的风险，我们已经承诺成为气候变化解决方案的一部分"。

在英国，汇丰银行的养老基金已将一只向气候倾斜的基金作为较年轻投资者的常规选项。[26] 这只基金的投资者中约60%的人不到40岁，因此该基金认为，对气候变化的关注将吸引这些人，让他们更多地参与自己的投资选择。[27]

正如曾任该基金首席投资官的马克·汤普森（Mark Thompson）所说："将ESG风险管理纳入我们的标准投资流程，是我们董事会的投资信念之一，也与我们的受托责任保持一致。"

在大多数养老基金的设计里，雇主最终会对员工的投资选择产生巨大影响。雇主通常会选择与之合作的金融机构进行投资，这大大减少了员工的选择范围。此外，在美国等国家，多达60%的养老基金投资者自动加入了储蓄计划；[28] 对于这些投资者来说，雇主已经为他们的投资做出了所有的选择，他们中的大多数人不会选择社会责任投资，更不用说影响力投资了。

为了解决这一问题，法国人提出了一种新模式，让养老基金投资者可以进行影响力投资，这就是"90/10团结基金"。这种基金将其10%的资产分配给类似影响力投资、具有特殊"团结标签"的组织，其余的90%投资于符合社会责任投资准则的传统公司。员工超过50人的公司必须将"90/10团结基金"作为养老基金投资选项提供给员工。[29] 截至2018年，已有超过100万人投资了这种基金，投资总额接近100亿欧元。[30]

这种方法很容易在世界各地复制。它的吸引力在于，它使养老基金投资者能够将90%的资产用于ESG投资，同时也用于影响力投资。出于这个原因，BSC和英国的其他投资者正在追随法国的"团结"模式，提倡"社会养老基金"。[31]

尽管美国在这方面落后于欧洲，但美国一些规模极大、极具影响力的养老基金也在向相似的方向发展。加州公务员退休基金（CalPERS）有 190 多万名成员，[32] 管理着超过 3800 亿美元的资产。[33] 它是美国最大的养老基金之一，因此一旦它采取行动，就会引发市场关注。[34] 该基金利用其作为大股东的权力和影响力，推动被投公司改变自己的行为，做正确的事情。

例如，CalPERS 是"气候行动 100+"（Climate Action 100+）项目的关键参与者，该项目是一个由机构投资者组成的团体，旨在鼓励化石燃料公司改变策略。[35] 到目前为止，该团体已经获得了几家大公司的承诺：荷兰皇家壳牌公司（Royal Dutch Shell）已承诺具体的减排目标；矿业公司嘉能可（Glencore）已同意停止扩张其煤炭业务；集装箱运输公司马士基（Maersk）承诺到 2050 年实现碳中和。

CalPERS 的姊妹基金——加州教师退休基金（CalSTRS）管理着 2830 亿美元，[36] 它也在积极拥抱 ESG。当评估一项投资的风险时，它旗帜鲜明地将 21 个 ESG 因素纳入考量。[37] 例如，CalSTRS 认为，如果一家被投公司存在种族、性别、残疾或其他方面的歧视，或者"对气候变化的影响不够重视"，就会让这笔投资的长期回报面临风险。

与 CalPERS 一样，CalSTRS 也利用其影响力推动被投公司采取行动。CalSTRS 和对冲基金 Jana Partners 一起给苹果公司董事会写了一封信，要求苹果公司采取更多措施确保儿童安全地使用其产品。[38] 信中援引的研究认为，使用 iPhone 会导致学生在课堂上无法集中注意力，还可能引起更严重的健康风险,包括抑郁症甚至自杀。投资者写道:"我们相信苹果公司很有必要为家长提供更多的选择和工具,帮助他们确保年少的消费者能以最优的方式使用贵司的产品。"鉴于这两只基金总共持有价值20亿美元的苹果公司的股票,这封信引起了世界范围内对这些问题的关注,给苹果公司施加了巨大的压力,促使其采取行动。

CalSTRS的策略要求它在出售股票之前尝试与被投公司沟通,实在不行就撤资。CalSTRS董事会成员、时任加州财长江俊辉(John Chiang)说,和被投公司接触是重要而关键的第一步,但这些对话必须化为实际的行动,否则将保留撤资和其他选择的权利。

当然,正如CalSTRS首席投资官克里斯托弗·艾尔曼(Christopher Ailman)所指出的那样,以这种方式推动被投公司进行改革"非常困难且速度很慢",因此CalSTRS正在越来越多地进行影响力驱动型投资。2017年,该基金首次购买了由世界银行旗下的机构发行的社会债券,这只债券将投资于那些从小农场采购产品的公司,以及那些向低收入人群提供负担得起的医疗和教育服务的公司。艾尔曼说:"借助金融工具,我们可以在做出更好业绩的同时行善,这是一种双赢。"

从很多方面来考量,这类投资实践的明星是日本政府养老投资基金(Government Pension Investment Fund, GPIF)。GPIF是世界上最大的养老金投资基金,管理着1.5万亿美元。[39]该基金的前首席投资官水野弘道(Hiromichi Mizuno)是19世纪日本哲学家二宫尊德(Ninomiya Sontoku)的忠实信徒。二宫尊德认为，"没有伦理学的经济学是一种犯罪，没有经济学的伦理学是一种幻想"。[40]

在养老基金界，水野弘道是最拥护影响力投资的人物之一。2017 年，日本政府养老投资基金将对环境和社会负责的投资的持股比例从 3% 提高到 10%，投资规模从 1 万亿日元增加到 3.5 万亿日元。这极大地推动了全球 ESG 投资的进步。如果规模较小的亚洲养老基金效仿 GPIF，可以为 ESG 投资提供源源不断的动力。[41]

在 ESG 投资策略上，GPIF 选取了不同的指数。这些指数包括：富时 Blossom 日本指数（FTSE Blossom Japan Index），该指数采用 SDG 等国际 ESG 标准构建；[42] MSCI 日本女性赋权指数（WIN）；以及 MSCI 日本 ESG 精选领导者指数（MSCI Japan ESG Select Leaders Index），该指数瞄准那些在所处行业 ESG 表现最好的公司。[43]

尽管这些例子表明，一些保守的养老基金已经开始被"风险－回报－影响力"的新思维所吸引，但它们还只是少数派。因为养老基金受托人对其投资者负责，作为投资者，我们有权力对我们的投资组合的投资方式施加直接影响——现在正是行使这种权力的时候。

资产管理公司将影响力带向主流

当我们谈到将投资转向"风险－回报－影响力"模式时，养老基金是今天的两大参与者之一，另一个参与者就是资产管理公司。为影响力而投资正日益成为知名资产管理公司的主流理念。瑞银是目前全球最大的私人财富管理公司，[44]管理着2.7万亿美元的资产。[45]瑞银已公开表示，可持续发展是其业务的"基石"，[46]并设立了筹集50亿美元进行影响力投资的目标，以推进SDG。瑞银已经为Rise Fund筹集了3.25亿美元，后者是德太投资（TPG）管理的影响力投资基金，U2乐队主唱、杰出的慈善家波诺（Bono）是该基金的联合创始人，波诺是利用影响力投资实现社会进步的强有力的倡导者。

瑞银一直是SDG的拥护者，并坚信私人资本对实现这些目标至关重要。截至2018年，瑞银的ESG资产增长了两倍多，从630亿美元增至2000多亿美元。[47]该公司可持续和影响力投资主管迈克尔·鲍丁格（Michael Baldinger）说："ESG日益成为推动我们的客户参与影响力投资的不可或缺的因素。"

鉴于信息的缺乏可能会阻碍私人投资者参与影响力投资，[48]瑞银帮助创建了Align17——一个提供影响力投资机会的数字交易市场。[49]瑞银慈善基金会（Optimus Foundation）也投资了女孩教育发展影响力债券（Educate Girls Development Impact Bond），支持印度的教育（我们将在第五章中讨论）。这只债券获得成功后，瑞银还投资了另外两个印度的DIB，一个旨在降低拉贾斯坦邦的婴儿和孕妇死亡率，[50]另一个旨在改善教育。[51]

高盛是另一家参与影响力投资的知名资产管理公司。它是美国首个SIB的主要投资者之一，该项目旨在减少纽约主要监狱——里克斯岛监狱（Rikers Island）获释人员的再犯罪率。[52] 2016年，高盛收购了影响力投资咨询公司Imprint Capital。[53]

当时，它们管理着大约 5 亿美元的 ESG 资产；到 2017 年，这一数字飙升至 106 亿美元。[54] 据 Imprint Capital 联合创始人约翰·戈德斯坦（John Goldstein）称，大型投资方越来越希望将更多资产投入社会责任投资。他们不再问"为什么我们不能用我们资产的一小部分来做这件事？"而是问"为什么我们不能用整个投资组合这样做呢？"施罗德资产管理公司最近也采取了类似举措，收购了小额信贷专家蓝色果园金融公司（Blue Orchard Finance）。

对于影响力投资，其他专业金融机构也表现出日益浓厚的兴趣。知名私募股权公司正在影响力投资领域发力，其中的一些公司正在发起专门的影响力基金——包括迄今已募资约 40 亿美元的 TPG，以及贝恩资本、KKR 和瑞士合众集团（Partners Group）。此外，凯雷集团全球影响力主管梅根·斯塔尔（Megan Starr）声称，"除非以影响力为目标进行投资，否则已不可能通过其他方式获得高回报率。这反映了当前的经济现实"。[55] 这些知名私募股权公司的影响力基金得到了大型机构投资者、高净值人士及其家族办公室的青睐。根据《2017 年全球家族办公室报告》，40% 的家族办公室计划下一年增加对影响力投资的配置。[56]

瑞银全球家族办公室主管萨拉·法拉利（Sara Ferrari）表示，这种转变反映出千禧一代对家族事务的影响力越来越大。"对于富有投资经验的家族办公室而言，这是将社会责任目标落实为财务目标的机会。"法拉利说，"通过这样做，家族办公室可以帮助出资人塑造家族使命，促进家族团结。"未来 20 年，全球的亿万富翁们将把 3.4 万亿美元的财富（占全球亿万富翁总财富的 40%）传给他们的继承人，家族财富传承趋势只会继续升温。

知名公司也在行动，让普通投资者们也能接触到 ESG 和可持续投资：美洲银行、美林和摩根士丹利都在向较小的客户提供具有各种影响力主题的 ESG 基金。例如，摩根士丹利推出了影响力投资平台，为客户提供超过 120 种投资产品，这些产品与基于价值观的各种投资主题相一致，从"天主教价值观"、性别平等到气候变化等。[57] 摩根士丹利还为财务顾问们开发了一门在线教育课程，旨在帮助他们更多地了解 ESG 投资。[58] 培训财务顾问们有助于普及影响力投资，因为数百万美国人依赖他们来管理自己的资金。

全球最大的资产管理公司贝莱德管理着近 7 万亿美元资产，它相信影响力投资是未来的趋势。该公司首席执行官拉里·芬克说："可持续投资（ESG 的另一个名称）未来将成为每个人投资的核心组成部分。"[59] 芬克认为，可持续投资并不意味着牺牲回报。他说："长期证据表明，可持续投资的回报至少不低于传统的主流投资。我个人认为它的回报会更高。"

越来越多的新型专业影响力投资公司开始涌现，它们的业绩表现将有助于证明，影响力投资的回报率能够达到市场平均水平。专业影响力投资公司自 21 世纪初出现以来，为今天的大型资产管理公司进军影响力投资铺平了道路，其过往业绩为影响力投资增添了可信度。这些公司的领导者中，一些人来自投资界，而另一些则曾是社会企业家。在兼顾产生影响力和获得财务回报方面，他们殊途同归。

世代投资管理公司是这个行业令人瞩目的领导者，这是一家由阿尔·戈尔和大卫·布洛德在 2004 年创立的可持续投资管理公司，管理着大约 200 亿美元。它提倡一种"可持续资本主义"的愿景——"在这种金融和经济体系中，公司和投资者寻求实现长期价值的最大化，并考虑所有重要的 ESG 指标"。[60]

另一家全球影响力投资公司 Triodos Investment Management（管理资产规模达 35 亿欧元），[61] 是成立于 1980 年的荷兰环保银行 Triodos 的子公司。[62] 其战略包括支持绿色和可再生能源，通过向小微企业提供信贷来促进普惠金融，[63] 以及支持绿色和可持续的农业实践。[64]

我作为联合创始人之一的桥基金管理公司[65]是影响力投资领域的另一家早期领导者。自 2002 年以来，该公司将影响力投资作为应对重大社会挑战的工具，募集了超过 10 亿英镑[66]，投资于英国、美国和以色列的中小型企业、房地产和社会机构；[67]在社会服务欠缺的地区创造就业机会，取得了更好的卫生和教育成果，并找到了减少碳排放的创新方法。值得一提的是，该公司在做到了所有这些的同时还取得了强劲的商业业绩。[68]

还有其他一些专业影响力投资先驱。LeapFrog Investments 由安迪·库珀（Andy Kuper）在 2007 年创立，主要向亚洲和非洲社会服务欠缺的消费者提供金融工具和医疗保健服务，目前其投资组合已经覆盖了超过 1.8 亿人。[69]总部位于加州的 DBL Partners 成立于 2004 年，由南希·冯德（Nancy Pfund）领导。正如其名字所示，该公司采用了双重底线（Double Bottom

Line）投资策略：它的目标是回报率达到顶级风险投资基金的水平，并带来积极的社会、环境和经济影响力，特斯拉是其被投公司之一。[70]

另一家西海岸风险投资公司 Social Capital 于 2011 年由 Facebook 前高管查马斯·帕里哈皮蒂亚（Chamath Palihapitiya）创立，投资于正在解决"世界上最棘手问题"的创新技术公司。[71] 2001 年，杰奎琳·诺沃格拉茨（Jacqueline Novogratz）创立了一家总部位于纽约的非营利性风险投资基金聪明人基金（Acumen），致力于解决亚洲、非洲和拉丁美洲的贫困、农业、教育、能源、医疗保健、住房、水和卫生问题。还有两家值得注意的公司：1999 年成立的 Root Capital（在马萨诸塞州）和 2001 年成立的 Avishkaar。前者专注于服务乡村的农民，后者专注于印度社会服务欠缺地区的发展。[72]

这些专业的影响力公司是这一运动的领跑者，它们展示了影响力投资的逻辑、能量和成功，并激励较大的公司超越过时的"风险-回报"模型，采用"风险-回报-影响力"模型。

为新的现实重新设置投资

诚如我们所见，投资领袖们正在朝着影响力的方向前进。资产管理公司正在推出的产品既能满足客户对改善生活和保护地球的投资愿望，又能带来诱人的财务回报。我们将在下一章详细探讨影响力加权会计报表，这一报表将为投资者的投资决策提供准确的数据，他们因此能够投资产生正面影响力的公司。

"风险-回报-影响力"模型正迅速成为主流投资者的必备工具。要改变这个世界,我们必须首先改变我们做事的方式——从把钱投到哪里和怎么去投开始。许多人正在围绕着 SDG 团结在一起。世界各地的投资者都将这些目标视为自己的目标,并以此重塑自己的投资策略和产品。随着机构投资者在投资中采取影响力策略,这些投资将推动世界经济发生巨大变化,把影响力经济变为呼啸而来的现实。

> **要改变这个世界,我们必须首先改变我们做事的方式。**

消费者正在改变的价值取向,可以促使投资者转向有正面影响力的公司。而投资者行为的改变,也会促使他们所投资的公司把影响力嵌入到业务中。这是我们在影响力革命这段旅途中的下一站要讨论的话题。

第四章

将影响力嵌入业务

影响力可以被衡量和比较。

"有一场革命正在酝酿中——我们要做什么?"时任达能首席执行官范易谋(Emmanuel Faber)于 2017 年在柏林举办的消费品论坛(Consumer Goods Forum,CGF)上喊出了这一战斗口号。[1]这位法国跨国食品公司的时任负责人认为,虽然食品行业可以为一些成就感到自豪,比如提高了营养的可获得性,但它也要为糖尿病和肥胖症的蔓延以及地球资源的枯竭负很大责任。[2]

"食物是珍贵的,"范易谋说,"我们把它叫作商品。我们把它变成了消费品。我们让市场力量驱动需求和供给。我们对盐、脂肪和糖的需求是与生俱来的……这个系统已经达到了极限,而我们还在给系统增压,我们为什么不停止呢?我们没有停止是因为消费者没有意识到。消费者没有意识到,是因为食品生产和流通系统已经将人们与食物分开了。"[3]

范易谋不满足于只批评食品工业推出了不健康、商品化的产品,他还主张彻底重新定义商业的目的。他说,"市场经济的最终目标就是社会公正。这是一个商业意识的问题"。[4]

范易谋并不只是在斥责达能的竞争对手。他承认,对于达能的企业宣言"同一个地球,同一份健康",你可能会说,"概念不错。但证据在哪里?"——这其实在理。他也承认,"我对自己这些年做出的许多决定感到羞愧。我们离完美还差很远"。[5]

达能拥有四大业务板块(基础乳制品和植物基产品、生命早期营养品、饮用水和饮料、医学营养品），2017年的收入为280亿美元。在范易谋发表这篇充满激情的演讲时，达能已经开始尝试社会影响力项目，尽管规模还比较小。[6]

两年后，也就是2019年8月，由摩根大通首席执行官杰米·戴蒙（Jamie Dimon）担任主席的商业圆桌会议（Business Roundtable）发表了一份关于公司宗旨的声明。该会议的参加者是181名美国顶级公司的首席执行官，他们颇具影响力。[7]他们所在的公司雇用了1500多万人，每年的收入超过7万亿美元。[8]商业圆桌会议是大公司的一个强大而保守的代表，自1997年以来，它一直在强化"公司的存在主要是为了服务股东"的理念，换句话说，公司的存在就是为了赚钱。

2019年的那则声明推翻了这一理念，表明公司不仅对股东负有责任，对客户、员工、供应商和社区也要承担责任。声明称："我们的每一个利益相关者都至关重要。我们承诺为所有人创造价值，促进我们的公司、我们的社区和我们的国家在未来取得成功。"

就在商业圆桌会议声明发布的同一周，法国总统埃马纽埃尔·马克龙（Emmanuel Macron）在爱丽舍宫召集了34家公司的负责人开会，发起了一项名为"商业助推包容性成长"（Business for Inclusive Growth）的倡议。我也参加了这次会议。这些大人物执掌的公司拥有300多万名员工，收入超过1万亿美元。他们聚到一起，反对不平等，提出"在直接就业和供应链中促进人权""构建包容的工作场所""加强公司价值链和商业生态系统的包容性"等倡议，[9]并承诺会采取切实措施支持经济平等和社会包容。[10]

在前述行动之前，有一个名为 B 团队（B Team）的组织已在努力"创建企业领导力的新规范"。该组织由保罗·波尔曼（Paul Polman）和理查德·布兰森（Richard Branson）等杰出商业领袖于 2012 年成立。

是什么让这些首席执行官改变了他们的工作优先级，更关注他们的企业对员工、社区和环境的影响力，而不仅仅是利润？简单来说，他们看到消费者和员工的价值观发生了变化，而且投资者也理解这种变化。他们现在开始意识到，如果公司想生存下去，就必须创造正面影响力。

诚如我们所见，投资者正将 31 万亿美元投向那些寻求产生正面影响力的公司。当投资者发话时，公司会倾听。世界上几乎每家公司的董事会都在积极讨论影响力这个话题。

> 世界上几乎每家公司的董事会都在积极讨论影响力这个话题。

消费者行为的大转变是显而易见的。联合利华最近的一项研究发现，1/3 的消费者会购买他们认为对社会或环境有益的品牌的产品。[11] 其他许多调查也发现了同样的趋势：消费者越来越希望支持那些善待员工、对社会和地球产生正面影响力的公司。

今天，消费者比以往任何时候都更倾向于按照自己价值观的指引进行购物，而且已经有应用程序来帮助消费者实现这方面的诉求。例如，Buycott——一个可以让你"用钱包投票"的应用程序，[12] 它是由当时 27 岁的程序员伊万·帕多（Ivan

Pardo）在 2013 年推出的，你可以用它扫描任何产品的条形码并获得生产该产品的公司的相关信息——该公司能够合理地对待员工吗？它会在动物身上测试产品吗？它是否支持人权事业？[13] Buycott 助力用户在 192 个国家"凭良心购物"，以"众包"方式从消费者那里获得相关产品信息。[14]

正如帕多所说："你花的每一美元都是对你想看到的世界的投票。我认为，你花钱购买哪个产品，就相当于是在用钞票支持生产、销售这个产品的公司，也就是在支持该公司的价值观。人们肯定不希望支持那些与自己的价值观相左的公司。我们希望实现的，是让人们借助自己的购买决定来改变世界。"[15]

埃森哲（Accenture）最近的一份关于目标导向品牌崛起的报告称，这是一个"全面曝光时代"，并指出"企业前所未有地处于聚光灯下，因为它们在这种现实背景下需要尽全力获得竞争优势"。[16]

这种全面曝光促使各种各样的消费品公司掀起了一股变革浪潮。可口可乐正在减少其饮料中的含糖量。[17] 雀巢正在减少其产品中盐和糖的含量。[18] 玛氏正在推出更健康的零食，[19] 同时收购了健康零食棒食品公司 Kind 的少数股权。[20] 耐克在其服装中使用了可回收材料，乐高正在开发由植物基塑料制成的"可持续积木"。

在首席执行官保罗·波尔曼的开明领导下，联合利华对产品线进行了全面改革，以减少对环境的负面影响。2013 年，该公司为旗下品牌 Sure、多芬（Dove）和凡士林（Vaseline）推出了"压缩香体剂"，[21] 这款产品每一罐使用的气体量减少了

50%，包装材料减少了25%，碳足迹减少了大约25%。此外，联合利华还邀请其他香体剂制造商在生产喷雾剂产品时也采用压缩技术，并为它们提供了上手指南，甚至分享了那些帮助联合利华将产品推向市场的供应商的详细资料。[22]

除了减少自身的环境足迹（即对环境的影响），联合利华还通过节水产品帮助消费者减少环境足迹。在发展中国家和新兴国家缺水的地方，大约40%的家庭用水用在了手洗衣服上，其中的约70%用来清除肥皂泡沫。这时SmartFoam就派上用场了，它是一种新型的消泡分子，能更快地分解肥皂泡沫，助力家庭减少每天的用水量。

其他跨国公司正在开发新型可持续包装材料。2017年，雀巢水业务集团（Nestle Waters）、达能和初创公司Origin Materials组成NaturALL Bottle Alliance塑料瓶研究联盟，并展开合作。该联盟旨在开发一种由100%的可再生材料制成的生物基塑料瓶。相关技术已经在试点阶段得到验证，并将很快进行商业化、规模化生产。[23]

与此同时，包括可口可乐在内的其他跨国公司也在努力实现100%植物基塑料的商业化、规模化生产。自2009年以来，可口可乐一直在生产一种植物环保瓶，它是一种完全可回收的瓶子，由含有30%植物基的材料制成。[24] 在2009年至2015年，超过350亿只植物环保瓶被分发到了近40个国家，避免了超过31.5万吨的二氧化碳排放。[25] 预计到2023年，生物基塑料的市场规模将达到130亿美元。[26]

鉴于消费者对这种具有正面影响力的产品越来越感兴趣，

将影响力整合到业务中,这对公司有利也就不足为奇了。联合利华的"可持续生活"品牌,包括家乐(Knorr)、多芬(Dove)和立顿(Lipton),成长速度比一般品牌快 50%,占到了公司整体增长的 60% 还多。[27] 透过影响力视角来审视自己的产品线,这样不仅不会限制企业的选择,反而可以开启通往高增长与高回报的机遇之门。

影响力思维不止于提高商业底线,将影响力嵌入到业务中还可以降低新法规和税收带来的长期风险,例如,使用塑料瓶可能会受到处罚。影响力思维还可以提高生产率、减少浪费、节省成本、提高供应链效率,更好地吸纳和留住人才。

因此,拥有共益企业资质的公司往往更能吸引有才华的员工。[28] 千禧一代占美国劳动力的一半。[29] 根据 2016 年 Cone Communications 的千禧一代员工参与度研究(Millennium Employee Engagement Study),其中 75% 的人表示,如果可以在负责任的公司工作,他们愿意接受减薪。非千禧一代持有相同态度的比例为 55%。[30]

成为一家负责任的公司到底意味着什么?一家对多个利益相关者负责的公司和一家以股东为中心、只向少数慈善事业捐款的公司,是什么将二者区分开来?以影响力为导向的公司与通过企业社会责任(CSR)预算参与慈善事业的传统公司有何不同?

哈佛商学院战略学教授迈克尔·波特是研究影响力在商业中的作用的著名思想家,他对自己命名为"共享价值"的概念提出了清晰的愿景。[31] 他说,慈善事业和 CSR 的重点是"回馈社会"或将公司对社会的危害降到最低,而共享价值的重点则是让公司领导人把解决社会问题的能力打造成企业的核心竞争力并努力使这一竞争力最大化。具体实现方式可以多种多样,例如通过"开拓新的客户和市场、节省成本、留住人才,或者别的(方式)"。[32]

认真对待CSR的企业,通常都是为了展示企业公民意识——它们只是把一部分利润捐赠出去,而不是从根本上改变经营方式。寻求将影响力整合到业务中的公司通常从检查自己的产品和服务或自己的运营对环境的影响开始。最先进的公司正在将影响力嵌入整体业务中,根据确定的基准设定可衡量的影响力目标,使其业务避免产生负面后果,专注于增加正面影响力。

许多将影响力嵌入业务的公司都在寻找新的机会,通过开发以影响力为核心的商业模式来解决社会问题。用迈克尔·波特的话说,"公司的宗旨必须被重新定义为创造共享价值,而不仅仅是创造利润。这将推动全球经济的下一波创新浪潮和生产率的提升"。[33]

最具创新精神的商业领袖正在证明,他们的公司可以在增强影响力的同时增加利润。然而,由于从"风险-回报"模型到"风险-回报-影响力"模型的转变会影响公司的产品、运营等各个方面,所以,那些开始朝影响力方向转型的公司,正在不同的领域以不同的方式开始创造影响力。

让我们来仔细看看其中的一些业务:达能和宜家(IKEA)努力将影响力整合进整个公司,而乔巴尼(Chobani)和阿迪达斯（Adidas）则力图通过经营中的某个具体方面来创造影响力。

面对现实

2005年，时任达能亚太区总裁的范易谋安排达能首席执行官弗兰克·里布（Franck Riboud）与诺贝尔奖得主、"小额信贷之父"穆罕默德·尤努斯（Muhammad Yunus）共进午餐。[34] 在午餐会上，尤努斯邀请里布"来孟加拉国建立他的第一家社会企业"。[35] 里布同意了。2006年，格莱珉和达能宣布成立格莱珉达能食品社会企业（简称"格莱珉达能"）。[36]

孟加拉国是世界上营养不良率最高的国家之一。为了解决这个问题，格莱珉达能致力于为儿童提供物美价廉的杯装酸奶，[37] 达能承诺将在这个项目上获得的所有利润再投资于其他同类项目。[38]

对于达能这样一家大型跨国公司来说，作为合资公司的格莱珉达能规模很小——其在博格拉的酸奶工厂只有达能典型工厂规模的1%，而且生产能力有限。[39] 但在创新方面，这个项目表现得非常出色。该工厂的设计师——一位长期担任达能高管的人说，它"比我在巴西、印度尼西亚、中国和印度设计的大型工厂更先进"。[40]

产品本身也具有创新性。达能必须想出如何将维生素A、铁、锌和碘加入酸奶中且不使味道变酸，如何在运输过程中保持冷藏状态，并找到尽可能便宜的生产方法，使每杯酸奶的售

价维持在 10 美分以下。⁴¹

开业 10 年后，这家企业每天能卖出 10 万杯酸奶，从当地近 500 名农民那里购买牛奶，并雇用了 250 名妇女上门销售酸奶。⁴² 每天喝一杯营养强化酸奶可以帮助博格拉的孩子长得更高。⁴³

正如一位记者报道的那样，这家"小工厂"在工厂设计和产品开发等方面，"使达能受益良多，达能不仅学习了如何生产面向发展中国家的产品，还在开发面向西方国家的产品方面受到了一些启发"。⁴⁴

为了投资格莱珉达能和类似的社会企业，达能成立了"达能共同基金"来支持社会创新。该基金与法国大型银行之一法国农业信贷银行（Crédit Agricole）合作，启动资金为 5000 万欧元，其中的 3000 万欧元来自机构投资者，2000 万欧元来自达能，这些资金重点投资对社会负责的公司。到 2018 年，达能共同基金已经支持了分布在 15 个国家的 11 家公司，⁴⁵ "以减少营养不良，确保饮用水安全，打破贫困循环"。⁴⁶

2008 年，该公司成立了达能自然基金（Danone Fund for Nature)，这是一只和环保组织共同创建的 4000 万欧元的基金，怀有"恢复退化的生态系统、重振当地经济、应对气候变化"的雄心。⁴⁷ 2015 年，达能和玛氏共同创建了家庭农业生计基金（Livelihoods Fund for Family Farming），以帮助改善其供应链上的小农户的生计。⁴⁸ 这只 1.2 亿欧元的长青基金，向企业、影响力投资者和公共发展机构开放。⁴⁹

范易谋认为，达能在社会影响力方面的工作使公司可以更有效地留住人才，因为达能员工认同"影响力使命"，认同那些在全公司范围内都可以落地的创新，认同公司要吸收新的活力，也认同要听取质疑声来获得新想法，并最终付诸行动、优化流程。[50]

为了让社会影响力在达能这样的全球性公司层面发挥作用，范易谋相信这些公司有必要"出于非常高远的愿景追求社会影响力，而不是仅仅局限于 CSR、传播、公关……甚至是个人良知的目的"。[51] 范易谋认为，在全球性公司层面追求社会影响力的真正原因，是一个公司的领导者意识到他们脱离了现实。[52] 正如范易谋所说："我们星球上的资源不是无限的，受到不公正对待的员工和供应商不会有最高的生产力。经营一家不考虑消费者福祉的公司是一个有严重缺陷的商业计划。"

这种思路促使达能在其主要业务领域追求影响力。2018年，达能北美子公司加入了达能英国子公司和西班牙子公司的行列，成为 B 型企业，这也是目前世界上最大的 B 型企业。作为母公司的达能现在的目标是成为第一家跨国 B 型企业。[53]

达能是《福布斯》全球最大的 250 家公司之一，还被评为对公众健康和营养的影响排名第三的公司，[54] 所以它的使命"通过食品，为尽可能多的人带来健康"[55] 正在产生显著的效果。2017 年，达能以 125 亿美元收购了有机食品生产商白浪（WhiteWave），这是该公司近 10 年来最大的一笔收购，显示了其对营养食品的重视。[56] 此次收购也使达能成为全球最大的有机食品生产商，[57] 从而在满足消费者不断变化的需求方面处于有利位置。达能已经意识到，消费者出于对环境、伦理和健康的考虑，对以植物为基础、不含乳制品的饮食方式的需求在不断增长。[58]

范易谋的使命是提高达能对人类及生态的影响力。2016年，在提出一项有关达能产品包装的新政策时，范易谋表示："我们的目标，是给予我们所有投放到市场上的塑料包装第二次生命，我们正在朝着实现100%可回收包装的目标而努力。该计划还包括推出100%生物来源的第二代塑料包装。"[59]

所有这些影响力导向的转变都需要设定明确的、可衡量的目标。达能宣布将其影响力目标与SDG联系起来。[60]达能已经承诺，到2050年要实现碳中和，并制定了到2030年的中期目标，即在运营、包装和物流方面的碳排放要比2015年减少50%。[61]范易谋在2016年接受采访时说，设定雄心勃勃的长期目标对公司的发展至关重要，"如果我们在2008年一开始制定碳减排计划时选择每年只减少2%的排放的目标，而不是剑指5年减少30%，那我们绝不可能取得这么大的进步"。[62]

在2014年（也就是他成为首席执行官的那一年）的一次会议上，范易谋总结了他的理念："没有社会思维的经济是野蛮的；没有经济思维的社会则是乌托邦。"[63]正如范易谋本人在柏林举办的消费品论坛上的演讲中所说：[64]"与华尔街试图告诉我们的故事不同，世界上并没有'看不见的手'。尤其是在选择商业向善还是作恶时，不存在'看不见的手'的支配。"

与此同时，一家比达能更年轻的美国酸奶公司乔巴尼正在通过善待员工，创造正面的影响力。

问责制、社区、感恩

2012年年底,一对难民姐妹从中东辗转来到美国,寻求新的生活。[65] 妮萨(Nisa)和阿曼娜(Amna)的旅程漫长又艰难,酸液袭击和死亡的威胁只是旅程的开始,她们还被塞进一辆没有窗户的卡车车厢里,没有足够的空气可以呼吸——事实上,一个紧紧挤在他们身边的孩子,在运输途中死亡。[66]

走私者在旅程中把两个女孩和她们的母亲分开。一天晚上,她们俩被困在乌克兰的一个小镇上,举目无亲。这对姐妹独立生活了四年。她们再也没有见过母亲。最终,在一个人道主义援助组织的帮助下,她们被送到了美国爱达荷州的特温福尔斯(Twin Falls)。[67]

当时,世界上最大的希腊酸奶工厂刚刚在特温福尔斯开业,姐妹俩很快就在那里找到了工作。妮萨回忆说,有一天,她在工作时让一个男人让开,她好把地上的水用墩布擦干。"他看着我说,'你叫什么名字?你从哪里来?'当他问我的时候,我再也忍不住了,哭了起来。他拥抱着安慰我,并问我:'你为什么哭?'我当时很激动。我告诉他我来自哪里,我们的生活有多艰难,以及我是如何开始在这里工作的。他说:'别担心。你现在在一个安全的地方。'"[68]

这个人就是哈姆迪·乌鲁卡亚(Hamdi Ulukaya),价值数十亿美元的酸奶公司乔巴尼的首席执行官和创始人。[69] 乌鲁卡亚坚称自己"不是生意人"。自公司成立以来,他就一直按照几条核心原则来运营乔巴尼。他在2019年的一次TED演讲中称这些原则为"反 CEO 剧本"。这些原则包括问责制、社区、感恩、对消费者负责（而不是对公司董事会负责）和责任心。[70]

雇用难民是乌鲁卡亚关心他的社区的一种方式。截至 2019 年，乔巴尼 30% 的员工是难民和移民。[71] 乌鲁卡亚写道，"解决这场危机不能仅靠政府和善意，私人部门有强大的动力去寻找新的解决方案"。[72] 为了动员其他雇主，他还成立了一个名为"难民帐篷伙伴关系"（Tent Partnership for Refugees）的倡导支持和帮助难民的基金会。

乌鲁卡亚自己也是移民，他在土耳其库尔德山区的一个牧羊村里长大。20 世纪 90 年代中期，年轻的他决定去纽约学习商业。[73] 2005 年，他买下了曼哈顿以北 200 英里的南埃德梅斯顿（South Edmeston）镇上一家苦苦挣扎的酸奶厂。该工厂位于纽约的"铁锈地带"，该地区的工厂一度十分繁荣，但自 20 世纪 70 年代以来，这些工厂一直处于停产和衰败状态。

乌鲁卡亚的目标是将更高质量的酸奶带到美国，买下工厂不到两年，乔巴尼公司就开始生产"希腊酸奶"，这一产品在当时美国酸奶市场的份额还不到 1%。[74] 与竞争对手的产品相比，它"更绵密、更丝滑、甜度更低、蛋白质更多"。[75]

用了不到 5 年，乔巴尼成为美国最受欢迎的希腊酸奶品牌，营收达 10 亿美元。[76] 许多人将美国希腊酸奶市场的增长归功于乔巴尼。到 2018 年，它已经占据了美国酸奶市场一半的份额。[77]

该公司从一开始就具有社会意识，支付高于市场水平的工资,并支持其所在的社区。乌鲁卡亚在2019年的一份可持续发展报告中写道:"也许我们不总是把这些称为可持续发展,但这就是我们的做事风格。"报告称,该公司的宗旨是"尽早实现全民健康",并概述了该公司关注的五个可持续发展领域:社区、运营、人员、责任心和供应链。[78]

在2019年的报告中,乔巴尼还制定了9个"北极星目标",这些目标"切实、可追踪,最重要的是,对未来4年的业务有显著意义"。这些目标设计得很大胆,推动着公司前进,并"促进创新"。[79]这些目标包括生产运营要使用100%的可再生能源,实现水中和(water-neutral)、零垃圾填埋,公司的车队使用可再生燃料,进行可持续采购,照顾乳制品工人的健康,使用可持续包装,实现包容性和多样性,并通过自己的业务、慈善事业和发展规划来改善农村社区。[80]

乔巴尼已经做了很多工作来改善农村社区。到2019年,该公司在纽约州的业务已经在5年的时间里"为当地失业率下降近50%做出了贡献"。[81]公司在这个州雇用的员工超过1万人,它付给员工的工资比该地区的收入中值高出42%。[82]

乔巴尼还在2016年推出了一项股权分享计划,当时该公司估值已达数十亿美元。在谈到分享利润的原因时,乌鲁卡亚说:"我从来没想过自己建立的公司会这么成功,我更无法想象如果没有这些人,乔巴尼能够建成。"[83]基于这个计划,员工获得了公司10%的股份。[84]

鉴于公司有许多聚焦于影响力的措施和运营实践,乌鲁卡亚似乎希望以乔巴尼为一个载体,让世界变得更美好。"对于我来说,生命的意义就是为人们的生活带来积极的改变。这应该是新的经营理念。如果乔巴尼能在这方面发挥领导作用,不仅在它所生产的产品上,而且在它所产生的影响力和它所创造的环境上,那将是一笔值得我骄傲的遗产。"[85]

乔巴尼从员工雇用阶段开始产生影响力,而阿迪达斯也开始通过专注于其业务的特定方面——从产品的环境影响力开始来产生影响力。

为重制而作

我们生产出来的 83 亿吨塑料仍然存在,其中大约 3/4 变成了塑料垃圾。[86] 这样数量惊人的废旧塑料,只有不到 10% 被回收利用。[87] 如果我们任由生产出来的塑料最终流入海洋的趋势继续下去,30 年后,海洋里的塑料总重量将超过海洋里的全部鱼类的总重量。[88]

阿迪达斯作为世界第二大运动服装制造商,2015 年的销售额将近 220 亿欧元。也是在这一年,阿迪达斯开始与环保组织"为海洋谈判"(Parley for the Oceans)合作。双方的合作目标是在海滩和沿海社区收集塑料垃圾,然后二次使用,"把这个问题变成一个解决方案",并创造出"高性能运动服装"。收集到的塑料(主要是瓶子)将被运到中国台湾的一家供应商那里。在那里,这些废料将被制作成线,用于制作 Adidas x Parley 系列产品。[89] 每双鞋将使用来自 11 个瓶子的塑料。[90]

宣布合作一年后,阿迪达斯制作了"第一批使用回收海洋塑料的运动表现系列产品",到 2018 年,阿迪达斯已经生产了 600 万双 Adidas x Parley 系列鞋,不过这个项目只占该公司每年生产的 4.5 亿双鞋的一小部分。[91] 阿迪达斯还宣布,"我们承诺到 2024 年做到只使用 100% 可回收聚酯纤维生产"。

当然,即使是由再生塑料制成的产品最终也可能被扔进垃圾填埋场和海洋,这就是为什么阿迪达斯挑战自我,用可以完全再利用的材料制造产品的原因。经过 6 年的努力,阿迪达斯于 2019 年推出了一款名为 Loop 的跑鞋,这是该品牌第一款"为重制而作"的跑鞋。[92] 与其他运动鞋不同的是,这款鞋是由一种叫作热塑性聚氨酯(TPU)的单一材料制成的,不同的部分通过加热融合在一起,而不是用胶水粘在一起。整只鞋子,包括鞋带和鞋底,都可以被放入研磨机中,研磨后的鞋子会变成小颗粒,从而成为制造另一双鞋子的原料。[93] 首批 200 双 Loop 跑鞋已被送去进行验收测试,预计很快就会开始销售。[94]

尽管一双 Loop 鞋的磨碎材料还不够制作一双新鞋所需的材料,但阿迪达斯希望在不久的将来能达到"全循环",即 1∶1 的比例。[95] 目前,一双回收的 Loop 跑鞋可以提供制造一双新鞋所需材料的 10%。

Parley 系列和 Loop 系列的鞋子都是阿迪达斯称为"未来工艺"的实验性设计的一部分——"阿迪达斯公开承认,这些是……最小可行性产品,阿迪达斯通常只能生产有限的数量"。[96] 但该公司能够迅速扩大 Parley 系列和 Loop 系列产品的规模,时任阿迪达斯全球创意总监保罗·高迪奥(Paul Gaudio)估计,他们可以"在未来 3~5 年内卖出数千万双 Loop

跑鞋"。[97]

Loop跑鞋的"循环"过程仍在研究中,其中一个想法是在出售鞋子时附上发货盒和退货标签,当消费者不再需要这双鞋子时,他们只需把鞋子退回,再买或者换回一双新鞋,也许可以采用订阅模式。[98]该公司执行董事埃里克·利特克(Eric Liedtke)是这样说的:"我们的梦想是你可以一遍又一遍地穿同一双鞋。"[99]

人们在争论像阿迪达斯这样专注于单一影响力维度的公司是否能产生显著的正面影响力。诚然,一家公司可以只通过其活动的一个维度来产生受欢迎的影响力,但它同时也可能在其他维度继续产生负面影响力。因此,企业的目标应该是在其所有活动中产生尽可能大的净正面影响力,这一点至关重要。宜家正在做这种尝试。

地球极限以内的生活

截至2018年,宜家在50多个国家和地区拥有422家门店,营收近390亿欧元。[100]它还使用了全世界木材供应量的1%。[101]宜家的全球地位和能力使它能够创造巨大影响力,这一点并没有被公司高层忽视。"在地球的极限以内,通过我们的规模和全球布局,我们有机会激励和赋能超过10亿人过上更好的生活。"宜家首席执行官、宜家品牌所有人托尔比约恩·勒夫(Torbjörn Lööf)说道。[102]英格卡集团(Ingka Group)拥有并经营着多个特许经营的宜家品牌,集团CEO杰斯珀·布罗丹（Jesper Brodin）表示，该公司致力于可持续发展的三个主要原因是：客户要求，对稀缺资源负责关乎人类的生存问题，以及"我们认为这是正确的做法"。[103]

2012 年，宜家推出可持续发展战略——"益于人类，益于地球"。2018 年，宜家更新了这一战略，以符合 SDG，并聚焦三个领域："健康可持续的生活""循环经济和对气候的积极影响"以及为公司的价值链中的每个人创建"公平和平等"的工作环境。[104]宜家的目标包括到 2020 年在产品中逐步淘汰原生化石基塑料，到 2030 年只使用可再生或可回收材料。宜家也确实在实现这些目标方面取得了良好的进展。到 2018 年，宜家 60% 的产品是使用可再生材料制造的，10% 的产品是使用可回收材料制造的，产品使用的所有棉花和 85% 的木材都来自可持续资源。[105]

宜家估计，在其温室气体排放总量中，最大的两个来源是其与原材料相关的业务（38%）和产品在消费者使用过程中的温室气体排放（23%）。[106]虽然宜家以价格实惠的家具闻名于世，但它还有另一个名声——"它的产品是可抛弃的，而不是耐用的"，它们很快就会被扔进垃圾填埋场。[107]仅在美国，每年人们扔掉的家具估计有 970 万吨，它们最终被扔进垃圾填埋场，[108]这相当于 700 多万辆小型汽车的重量。[109]

为了应对这种不可持续性，宜家承诺到 2030 年实现 100% 的"循环"运营。宜家可持续发展主管莉娜·普里普-科瓦克（Lena Pripp-Kovac）表示，这意味着"所有产品从设计之初就要考虑它们是多用途、可维修、可再利用、可转售和可回收的"。[110]

这也意味着改变消费者的行为。宜家气候主管安德里亚斯·阿伦斯（Andreas Ahrens）在2019年表示："显然，我们需要解决这个大问题，这是不可持续的消费方式。"[111] 鉴于此，宜家于2019年开始在瑞士试点家具租赁业务，"彻底抛开宜家传统的商业模式"，并表示这将开辟"可规模化的订阅式服务"。[112] 家具租赁期满后，消费者可能会选择使用其他商品，宜家则会翻新退回的商品，以此"延长产品的生命周期"。[113]

这些举措正在推动宜家朝着减少15%碳足迹的目标迈进。这个目标实施起来比听起来更具挑战性：考虑到未来的业务量增长，宜家要求到2030年将每种产品的碳足迹减少70%。宜家也在计划引入备件，让消费者可以继续使用已经停产的产品。宜家已经在一些国家启动了床垫等大件物品的回收服务。[114]

创新产品设计，比如易于拆成可回收部件的沙发，[115] 有助于净化空气的窗帘，[116] 以及节能节水的电器，也是宜家帮助消费者过上更可持续生活的方式。[117] 而且，宜家现在只销售LED灯泡（其寿命比白炽灯长15倍，耗电量减少85%）。今天走进宜家的产品陈列室，你会看到，很多产品都是用回收材料制成的，比如用回收的PET瓶制成的篮子，用亚麻碎片制成的地毯，还有用家具保护膜制成的喷雾瓶。[118]

影响力也开始融入公司的物流运营中。为了实现"完全脱碳配送"的目标，宜家从阿姆斯特丹、洛杉矶、纽约、巴黎和上海开始试水新的配送方式。正如杰斯珀·布罗丹所说，"气候变化不再只是一个威胁，它是一个现实"。宜家作为大众消费品零售商"要想继续存在，就必须有一种与有限的地球资源相匹配的商业模式。这一宏伟愿景与我们的商业雄心并不矛盾"。[119]

这些观点正在成为主流。例如，曾负责英国银行体系稳定的英国央行前行长马克·卡尼（Mark Carney）就敦促企业将气候风险纳入决策，并全面地披露其环境影响力。卡尼于2015年成立的气候相关财务信息披露工作组（The Task Froce on Climate-Related Financial Disclosure，TCFD）已经吸引了1000多个签署方，其中包括化学品、能源和运输行业的公司，这些公司是碳排放大户。

很明显，像宜家这样的公司希望对世界产生正面的影响力，但你如何量化和比较这种影响力呢？你怎么知道宜家、阿迪达斯、达能或乔巴尼什么时候到达对社会和环境的益处大于伤害的那道分水岭呢？

分水岭：影响力加权报表

这是一个基本的管理原则：你无法管理你不能衡量的东西。准确的数据和可靠的衡量对实现真正的改变是不可或缺的，因为它们"创造"了透明度、真实性和信任感。这就是为什么标准化的影响力衡量如此重要。它使我们能够通过

这是一个基本的管理原则：你无法管理你不能衡量的东西。

计算公司的净影响力，或者说，通过计算公司在社会和环境方

面的"盈亏",使影响力与利润一起占据其应有的位置。

到目前为止,围绕影响力指标和影响力估值所开展的工作,还没有形成一个可以衡量和比较公司的净影响力的体系,但这项工作已经取得了有意义的进展。B Lab 创建的全球影响力投资评级系统(Global Impact Investing Rating System,GIIRS)可能是公司衡量和对外证明其影响力的最佳框架。B Lab 是一个非营利组织,由杰伊·科恩·吉尔伯特(Jay Coen Gilbert)、巴特·胡拉汉(Bart Houlahan)和安德鲁·卡索(Andrew Kassoy)在 2006 年创立,致力于"商业向善"。[120] 它创建了 GIIRS 来衡量包括员工、消费者、社区在内的所有利益相关方的影响力。[121]

其他一些努力还包括全球影响力投资网络(Global Impact Investing Network,GIIN)的工作。该网络成立于 2009 年,为获得影响力投资的公司提供标准化的业绩指标目录。可持续发展会计标准委员会(Sustainability Accounting Standards Board,SASB)成立于 2011 年,专注于服务投资者的需求——用 SASB 标准衡量企业在一系列与可持续发展有关的问题上的影响力。全球报告倡议(Global Reporting Initiative,GRI)的可持续发展报告标准于 2000 年首次推出,其重点关注可持续发展、透明度和公司信息披露等指标,而非影响力衡量。其他衡量举措的建议者包括世界基准联盟(World Benchmark Alliance)和世界经济论坛国际工商理事会(World Economic Forum's International Business Council),它们都在寻求评估公司在为 SDG 做出贡献方面的表现的方法。

但这些努力仍是我们迈向标准化的、全面的影响力衡量体系之旅的前期步骤。如果投资者和他们所投资的公司要在做出决策时充分考虑影响力，他们就需要能够同时反映利润和影响力的报表，这两者都是公司通过其产品、雇用员工和运营所产生的，而且这种报表最好在人们熟悉的常规财务报告框架内编制。

这就是为什么哈佛商学院孵化的"影响力加权报表倡议"（Impact-Weighted Accounts Initiative，IWAI）如此重要。该项目于2019年启动，是GSG和IMP发起的研究导向的联合倡议。在乔治·塞拉芬教授的领导下，IWAI正在构建一个财务报告框架，以涵盖公司所产生的影响力。这一开创性的倡议将学术界、实务界、公司和投资者聚集在一起，致力于在迄今为止已经完成的所有影响力衡量工作的基础上更进一步。

为了得出影响力加权报表，有必要对公司产生的社会和环境影响力赋予一个货币价值。影响力的货币化可以把投资组合理论推向一个新的高度，允许投资者以他们优化"风险－回报"模型的方式来优化"风险－回报－影响力"模型。

但影响力加权报表将如何起作用呢？IWAI建议把影响力系数应用到公司损益表的各个项目中（销售收入、雇用成本、产品销售成本），由此计算得出影响力的"损益"，反映出一个公司对环境、自己直接雇用的员工、供应链上的其他人员以及消费者产生的影响力。IWAI会用类似方式对公司资产负债表上的资产进行加权计算。

这些影响力系数将由一个和已有的财务会计委员会类似的影响力会计委员会设定。该委员会将建立"公认影响力准则"（GAIP），与我们在财务会计中使用的"公认会计准则"（GAAP）并列。GAIP将使公司能用与财务会计报表相同的形式发布影响力加权报表，让我们在做决策时以熟悉的方式来判断影响力和利润。

通过将公司对人和环境的影响力货币化，IWAI使我们可以对不同的公司进行严格的比较。这种比较会对消费者、投资者和员工产生影响，最终影响公司的价值。这些做法将促使资金改变流向，开始在整个经济体系中追逐影响力。

让我们来看看公司对环境的影响力。IWAI的样本目前包含3500多家公司。根据公开数据，对这些公司的环境影响力进行货币化估算，能获得一些有趣的洞见。例如，可口可乐和百事可乐是竞争对手，但它们却有着明显不同的环境足迹。

2018年，百事可乐的销售额（647亿美元）大约是可口可乐（318亿美元）的两倍，但百事可乐当年的环境成本大约为18亿美元，远低于可口可乐的37亿美元。[122]两家公司在环境效率上之所以存在巨大差异，主要是由于它们的用水量不同：2018年可口可乐的取水量大约是百事可乐的3.5倍，废水排放量却少得多，导致总用水量约为百事可乐的5倍。可口可乐在2018年创造的收入是百事可乐的一半，但仅用水的影响力这一项就给可口可乐造成了20亿美元的环境成本，而百事可乐用水的环境成本约为4.08亿美元。[123]这个例子说明了影响力衡量是怎么揭示公司的真实业绩的。

另一个有趣的对比是埃克森美孚（Exxon Mobil）、荷兰皇家壳牌（Royal Dutch Shell）和英国石油公司（BP）在运营中产生的环境成本的差异（不考虑它们最终产品的环境成本）。虽然埃克森美孚2018年的收入为2790亿美元，但其环境成本估计有380亿美元。相比之下，壳牌同年的收入为3300亿美元，环境成本为220亿美元。英国石油公司同年的收入为2250亿美元，环境成本为130亿美元。就环境强度（环境成本/收入）而言，埃克森美孚高达13.6%，壳牌为6.7%，英国石油为5.8%，因此，埃克森美孚的环境效率是三家竞争对手中最低的。这主要是由于埃克森美孚巨大的温室气体排放成本导致的，该项成本约为400亿美元，大约是壳牌的1.5倍，几乎是英国石油的2.5倍。三家公司中，埃克森美孚的硫氧化物排放量和取水量也是最高的。[124]

看看汽车公司在运营过程中的温室气体排放对环境的影响。福特造成的环境损害高达15亿美元，占其销售收入的1%。当将福特与其规模大致相当的汽车公司进行比较时，我们可以看到，通用造成的环境损害为20亿美元，占其收入的1.4%，而奔驰的母公司戴姆勒股份公司⊖造成的环境损害为10亿美元，占其收入的0.5%。

换句话说，2017年福特、通用、戴姆勒每获得100美元的销售额，其在运营过程中产生的温室气体排放造成的环境损害分别为1美元、1.40美元、0.50美元。[125]

这种衡量运营影响力的方法，可以帮助投资者更加透彻地理解每家公司的业绩。到目前为止，由于缺乏将公司的影响力

⊖ 自2022年2月3日起，戴姆勒股份公司（Daimler AG）正式更名为梅赛德斯-奔驰集团股份公司（Mercedes-Benz Group AG）。

通过货币化的方式来表示的公开可靠信息，投资者一直不清楚公司在环境方面的实际表现究竟如何。影响力加权报表使每个人都能看到环境影响力的成本，也可以对不同公司和行业进行定量比较，进而做出准确的分析判断。影响力衡量是减少公司对环境的破坏、实现我们环保目标的关键。

公司不仅通过运营产生环境影响力，也通过产品产生环境影响力。我们继续以汽车行业为例，拿福特来说，福特的排放量可以用公开的数据计算出来。福特年销售近 600 万辆乘用车（轿车和轻型小卡车），假设这些车在路上开一年，以美国乘用车年均约 13 000 英里的行驶里程来算，结合每吨 300 美元左右的碳排放的社会成本，福特一年销售的乘用车产生的排放带来的环境成本大约为 88 亿美元。[126]

公司产品的影响力可以通过很多其他维度来货币化，比如质量、可获得性和可回收性。质量的评估指标之一是产品的有效性。对于像通用磨坊（General Mills）这样的食品公司来说，产品的有效性反映在产品的营养成分上——它们对消费者来说有多健康。根据公开数据，可以估算出通用磨坊通过产品中的全麦成分创造了 6.98 亿美元的价值，而产品中的反式脂肪酸成分却造成了 6.39 亿美元的成本，所以最终的净正面影响力是 5900 万美元。这些数据是根据 3 个要素计算出来的：该公司产品的全麦和反式脂肪酸含量，[127] 它的销售数据 [128] 以及建议的个人年摄入量。[129]

假设摄入全麦成分会让患冠心病的风险下降 17%，摄入反式脂肪酸会让这种风险增加 23%，美国冠心病的患病率是

5.23%，[130] 通过估算与冠心病相关的医疗和生产力成本，可以确定通用磨坊产品的营养成分创造的净价值。产品里能够增加或减少患病风险的其他营养成分，比如盐、添加糖或纤维素，它们的价值或成本也可以进行类似的估算。

面对这样的行业趋势，如果公司能够从根本上改变自己产品的影响力，就更容易受到消费者和投资人的青睐。影响力加权报表可以在竞争对手之间创造一种"力争上游"的气氛，这既可以提高人类的福祉，也可以减少对环境的破坏。

到目前为止，普遍的看法是，我们衡量影响力的方法是不够的，因而影响力无法真正发挥作用。然而，用约翰·梅纳德·凯恩斯（John Maynard Keynes）的话来说，"模糊的正确好过精确的错误"。在衡量影响力时，我们并不要求百分之百的准确性。风险思维同样不需要百分之百的准确性——它只需要靠谱的准确性。用乔治·塞拉芬教授的话说，影响力衡量"应该发生，可以发生，而且已经发生了"。以上例子中的证据表明了这一点。

这也说明了为什么仅仅衡量公司所产生的一些具体影响力是不够的。为了让投资者和其他人做出明智的选择，我们需要衡量一家公司创造的所有关键影响力，给它们估值，并通过财务报表反映这种价值。一旦开始这样做，就会逐渐有足够的空间来完善影响力会计制度，正如财务会计制度逐步完善那样。构建和实施GAIP需要时间，而我们必须记住的是，我们今天使用的财务报表经历了近一个世纪的不断完善。千里之行，始于足下。

有些人可能会指出，影响力加权报表需要我们在设计基本的会计账务处理方式时做出主观判断。这是事实，但要认识到，我们的财务会计同样涉及主观判断。仅举一例：GAAP 最近做出的改变租赁部分账务处理方式的决定，就是基于主观判断的，这对公司的资产负债表产生了巨大影响。我们不应该害怕做出主观判断。

当投资者能够查看影响力加权报表时，他们将同时比较公司的财务业绩和影响力表现。金融分析师则将寻找公司影响力、增长和利润之间的关联，资金将流向那些在优化"风险－回报－影响力"模型方面做得最好的公司，这会极大地改变公司的日常行为。

即使是不那么全面的 ESG 信息披露也在影响着公司的价值。在最近一次接受英国《金融时报》采访时，美国银行的美国股票和量化投资策略负责人萨维塔·萨布拉曼尼安（Savita Subramanian）表示，对于公司未来收益而言，最佳风险信号是 ESG 数据——"传统的财务数据，如盈利质量、杠杆和盈利能力方面的数据，在对未来收益风险和收益波动发出信号方面远不及 ESG 数据"。这篇文章还说，投资经理们开始认识到，在同一个股市板块中具有相似基本面特征的公司，根据 ESG 信息披露的质量高低，可能会得到明显不同的估值。[131]

当 IWAI 或类似的倡议给我们提供了一个投资者可以依赖的影响力量化框架时，情况会发生更多变化。公司的影响力将极大地影响它们所吸引的资本、人才和消费者。那些财务表现不佳、影响力也不够亮眼的公司，将被新的竞争对手超越。由于对变化的世界适应得太慢,它们将会面临被淘汰的风险——成为自己时代的百视达(Blockbuster)或者柯达。这就是在面对最严峻的社会、环境挑战时,新的会计方式是如何激发新的、富有冲击力的解决方案的。

通过激励公司发挥影响力,使其影响力加权利润最大化,影响力加权报表的使用将有助于减少经济不平等和保护环境。该报表的使用还将有助于公司有动力开发物有所值的产品,服务于社会服务欠缺的社区,减少负面影响力,并对环境产生正面影响力。公司将被激励着去改善就业条件,重新培训其工人,支付合理的工资,雇用通常被排除在劳动力队伍之外的人员,并保持性别和种族多样性。总之,影响力加权报表的使用将建立新的商业行为规范。

想象一下,公司积极改善它们的环境足迹,减少碳排放,限制用水量,推出更健康的食品,开发更有效、更廉价的药品。这里面有无限的可能。

这种改变不是幻想——事实上,类似的改变以前就发生过。1929年华尔街股市大崩盘后不久,人们发现,每家上市公司都可以自主选择会计公司和会计政策,而且没有审计师的介入,在这种情况下,投资者怎么可能选择出适合投资的公司?当时,一些商业领袖认为筹划中的美国证券交易委员会(SEC)、GAAP和审计师的引入,将使美国资本主义制度终结。今天,回顾过去,我们不禁要问:在没有任何可靠的公司盈利信息的情况下,前几代人是如何长时间从事投资业务的?将来有一天,人们也会如此评价影响力加权报表的作用。

当公司认识到影响力加权报表是大势所趋时，它们就会积极地收集必要的数据来衡量自己的影响力并主动改善之。从现有的体系转型到一个创造积极影响力的体系会产生一些成本，但正如我喜欢说的，坚持原则可能会有代价，但终归是划算的。缺乏影响力诚信的公司将面临失去客户、投资者和优秀员工的风险。用沃伦·巴菲特的话来说，只有当潮水退去，你才知道谁一直在裸泳。[132] 当潮水退去，影响力加权报表得到普遍使用时，每个人都会惊讶于公司竟然曾经盲目到只根据利润来做决策。

> 缺乏影响力诚信的公司将面临失去客户、投资者和优秀员工的风险。

第五章
影响力慈善的曙光

我们必须倾尽所有,取得成果。

正如我们已经看到的，影响力衡量是商业传递正面影响力的关键，它同时也是释放慈善的全部潜能的关键。原因如下。

在过去的25年里，美国约有25 000家公司的销售额达到了5000万美元，但只有144个非营利组织做到了这一点。[1] 为什么？在美国注册的150万个非营利组织中，只有5%年收入超过1000万美元。为什么这么多慈善组织的"行善"工作只能小规模地开展？设想一下一个5000万美元或5亿美元资金规模的慈善组织对它所帮助的社区所能产生的影响有多大，然而，为什么只有那么少的非营利组织能够达到这样的规模？主要原因是我们的慈善模式有缺陷，而影响力思维正在改变这种模式。

为了理解影响力正在带来的变化，我们首先必须审视和弄清楚，我们的慈善是如何让大多数非营利组织在不知不觉中保持着较小的规模的。一个公认的影响力衡量体系的缺位，塑造了传统的捐款方式。直到最近，慈善都只围绕着实物赠予和拨款赠予展开。大多数基金会认为，慈善是帮助弱势群体的恰当方式，这就意味着这些基金会在没有严格衡量成果的情况下，就向慈善活动拨付善款。

在过去的一个世纪里，由富有的个人和家族建立的慈善基金会在数量和规模上有了长足的发展，其运作也日益规范化和专业化。在这个过程中，这些慈善基金会养成了一些不太好的习惯。例如，由于它们完全依赖于一种定性描述的方式来报告它们的拨款所取得的成果，许多基金会因此试图将自己的资金高度分散，在相对较短的时间内提供小额拨款赠予。它们向慈善服务提供组织拨付2~3年的善款，然后就转去帮助下一个组织。毕竟，如果你没有真正了解你用自己的钱实现了什么成果，你就很难有信心为任何一个组织长期提供资金。然后，在缺乏严格的影响力衡量的情况下，大多数基金会要求其受资方尽量压低日常管理费用，以确保尽可能多的资金流向那些有需要的人。

最终的结果是，慈善基金会资助的绝大多数非营利组织停留在规模较小、资金短缺的状态。由安东尼·巴格－莱文（Antony Bugg-Levine）领导的非营利金融基金（Non-Profit Finance Fund）最近开展了一次非营利行业发展状况调查，美国5400多个非营利组织做出了回应。调查显示，超过3/4的机构看到了它们的服务对象对它们所提供的服务的需求有所增加，但超过一半的机构无法满足这种增加的需求——前两年的调查结果也显示了同样的情况。[2]如果一家公司观察到市场需求增加，它们就会卖出更多的产品，赚更多的钱，进行新的投资并保持持续增长。但当非营利组织看到需求增加时，它们不得不拒绝身处困境的求助者。这些非营利组织往往无法获得发展所需的资金，因为它们的资助者已经转向了下一个受资方。

当一个组织在挣扎求生时，它不能承担风险。大多数非营利组织都没有能力去实验解决社会问题的新方法，因为实验不可避免地意味着偶发的失败，而这会吓跑资助者。因此，大多数慈善组织都只能勉力维持，无法用长期视角来思考自己的发展和业绩。来自资方的降低管理费用的压力,也使它们无法通过支付有竞争力的薪水来吸引顶尖人才——只能希冀这种人才有强烈的自我牺牲精神,愿意降薪加入慈善组织。

无法衡量影响力是所有这些问题的根源。[3]许多在慈善组织或目标驱动型企业工作的人认为,对于资金紧张的小型组织来说,衡量方面的工作烦琐且成本高,并不现实。一些人认为,衡量影响力会打破现状,毫无益处。很多人也对慈善家评估非营利组织的表现并投资于表现最好的组织这一想法感到不舒服。然而,他们没有看到的是,当前的慈善模式导致慈善事业效率极其低下,这往往驱使非营利组织专注于确保获得基金会的拨款,而不是创造影响力。

> 无法衡量影响力是所有这些问题的根源。

如果不衡量影响力,慈善事业就无法确保社会服务组织获得所需的大笔资金,以应对我们面临的巨大挑战。通过衡量影响力,慈善事业可以更有效地配置拨款,吸引私人部门的投资,并激励社会服务组织进行创新和扩大规模。影响力投资者希望看到可衡量的财务和影响力回报。他们希望自己投资的组织敢于承担风险,在业绩和增长方面达到新高。今天,由于一些振奋人心的突破,基金会与投资人之间的合作,以及政府和非营利组织之间的合作使慈善界也能借鉴一些商业的最佳工具和实践,并利用它们产生尽可能大的社会和环境影响力。

SIB:催化剂

影响力慈善有多种形式,它们为传统的拨款赠予提供了新的选择。在这些新形式中，最突出的催化剂是 SIB。2010 年，第一个 SIB 项目诞生，它颠覆了传统的慈善智慧。SIB 证明，把对一个项目的资助和对社会的影响力联系起来是有可能的。通过这种方式，SIB 能够吸引私人资本来帮助慈善组织扩大业务规模。它还允许政府和慈善家在取得成果后再为项目买单，而不是一开始就把钱置于风险中。

正如我们在第一章中对 SIB 的讨论，它汇集了三个关键的参与者：投资人、成果付款人和服务提供组织。在这种情况下，慈善家们可以扮演两种可能的角色：投资人或成果付款人。当慈善家们作为投资人提供前置资金时，如果项目达到了目标，他们就可以收回本金，并获得投资的财务回报。在最坏的情况下，当社会效益没有实现时，慈善家们失去了投资（本质上，他们可以将这种投资损失视为一种捐赠）。当慈善家们承诺成为成果付款人时，他们只在成果成功实现时才支付资金，将交付风险从他们自己身上转移到投资人身上。

SIB 是传统拨款赠予的有效补充，这么说有两个原因：当慈善家们扮演投资人的角色时，他们会获得回报，并为未来的拨款赠予提供更多的资金；当慈善家们扮演成果付款人的角色时，他们的慈善资金只有在预期目标实现后才拨付。SIB 的这种安排可以督促服务提供组织集中精力，努力达成预期目标。

正如我们在下一章将看到的那样，目前在 SIB 模式中，政府往往是向投资人付款的一方，这是合理的，因为政府从 SIB 项目成功所带来的开源节流中受益。然而，慈善家们也可以在这个模式中扮演重要角色，要么自己做成果付款人，要么与政府一起参与 SIB 并吸引政府成为成果付款人。

有几个原因可以解释为什么慈善家们对 SIB 创造真正影响力的潜力兴奋不已。最重要的是，SIB 为慈善服务的交付环节带来了许多关键性的改进。让我们回顾一下第一章的彼得伯勒 SIB。

当时的问题是获释人员再犯罪率居高不下。彼得伯勒 SIB 向 6 个非营利组织提供了 500 万英镑，这些组织统称为"统一服务"。在过去，它们每一个都专注于获释人员改造过程的不同环节，但没有一个组织对降低再犯罪率这一最终结果负责。

现在，非营利组织第一次共同努力来理解问题的根本症结并尝试解决它们。获释人员的遭遇变得更清晰了：他们中的 40% 没有地方睡觉，25% 面临的挑战与（药物）成瘾问题相关，39% 没有足够的钱支撑他们领到第一笔失业救济金或找到一份新工作。[4] 很多获释人员出狱时，口袋里只有 46 英镑法定的"释放补助金"。[5] 难怪毒品贩子在监狱门口等着给他们提供住处，以及其他帮助他们忘记监狱生活的东西，这直接令他们再度陷入犯罪的生活。

这些服务组织开始联合起来，集中力量，多管齐下，帮助获释人员恢复正常生活。它们不再是各自为战，而是一起创造影响力。这个项目取得重大突破：到彼得伯勒 SIB 实施的第二年年底，该项目已将再犯罪率降低了 11%，而在同一时间段里，整个英国的再犯罪率增长了 10%。[6]

SIB 起飞

彼得伯勒 SIB 的成功是一个决定性的成就，它激发了人们对慈善事业未来方向的讨论。SIB 和 DIB 市场已经吸引了超过 4 亿美元的投资，[7] 以及 10 多亿美元的承诺投资，用于为成功的社会成果付款，这些成果涉及儿童、青年、就业、社会福利、刑事司法、教育和医疗等领域。SIB 正在表明，它们能够更好地执行和扩大社会服务。它们也证明了许多人长期以来一直相信的一件事：预防比治疗要划算和有效得多。通过 SIB 采取的预防性干预措施可以成功解决诸多社会问题，例如再犯罪、无家可归、青少年失业和糖尿病等。

SIB 和 DIB 正在风靡全球。英国仍然是 SIB 创新的主要中心，拥有 67 个 SIB，占全球总数的近 40%。[8] 美国也是一个主要的活动中心，有 25 个活跃的 SIB。荷兰有 11 个，澳大利亚有 10 个，法国有 6 个，加拿大有 5 个，日本、以色列、印度、德国和比利时各有 3 个，芬兰、新西兰和韩国各有 2 个，奥地利、俄罗斯、哥伦比亚、秘鲁、瑞典、瑞士和阿根廷各有 1 个。[9]

随着 SIB 市场的扩张，慈善家、政府和投资人越来越意识到它的潜力。SIB 基金正在出现，并开始展示它们的能力。在英国，桥基金管理公司于 2013 年和 2019 年募集了全球前两只 SIB 基金。这两只 SIB 基金总募资金额达 6000 万英镑，[10] 出资人包括机构投资者和慈善基金会，构建了一个由 40 个 SIB 组成的多元化投资组合，这些 SIB 支持了 90 多个社会服务提供组织，在解决儿童服务、教育和无家可归者问题上产生了更好的成果。[11] 目前已投资的 2500 万英镑将为政府带来价值超过 1.5 亿英镑的成果，[12] 预计投资者的年化净收益率约为 5%。换句话说，SIB 给政府带来了好处，给投资者带来了回报，也为社会创造了更好的成果。

地方政府在推动着 SIB 的发展。在英国尤其如此，英国政府官员将 SIB 视为"社会成果契约"。社会成果契约不同于传统合同，后者需要你在整个过程中为服务付费，SIB 只需要你为最终成果付费。地方政府官员已经意识到，这代表了一种更好地提供社会服务的方式。因为 SIB 在"创造成果"方面对项目成果有具体的、可衡量的要求，还能产生实现这些成果的最佳方式的数据，并使人们更容易看清楚项目是否有效——所有这些对政府、慈善家和社会服务提供组织都非常有价值。

成功的故事比比皆是。例如，在英国，"通往健康之路 SIB"（Bridges Ways to Wellness SIB）是 2014 年受英国国家医疗服务体系（National Health Service）委托设立的。其目的是帮助患各种慢性病的成年人，如糖尿病和心脏病患者，通过"社会处方"服务改变他们的生活方式，从而提升他们的健康水平。医生们曾经长期困扰于如何明显改善这类患者的健康状况。然而实际上，这类患者需要的解决方案是社会性的而不是医学性的。这项新的"社会处方"服务督促人们锻炼身体，减少他们的独处时间，改善饮食。这样，他们不需要去医院治疗就提高了健康水平，因此节省了政府的医疗费用。这个项目帮助 5000 多名成年人提高了他们的健康水平，并使其医疗费用减少了 35%，成功实现了全部的预设目标。[13]

融合住房 SIB（Fusion Housing SIB）是解决英国青年无家可归问题的项目，是 SIB 成功的又一例证。该项目于 2015 年启动，为期 3 年，为融合住房和其他一些慈善服务提供组织筹集了近 100 万英镑去实施一个基于成果的项目，以减少和防止出现无家可归问题。[14]

虽然融合住房的住房服务主管塔莎·戴森（Tasha Dyson）最初对这种基于成果的方式心存疑虑，但她很快意识到了它的价值："实话实说，与非常弱势的年轻人签订基于成果的合同看起来像是后患无穷，然而，我得收回我的话——这实际上是支持弱势年轻人的最好方式，因为它允许灵活地交付项目成果。"

基于成果的订约办法对衡量有着明确的要求，这对那些负责执行和交付工作的服务落地团队来说也是新事物。融合住房的主管海伦·米奈特（Helen Minett）说："我必须承认，我是被拖进统计分析的世界里的，当时非常抗拒。但我现在完全明白了它的好处，它不仅可以证明我们正在做什么，还可以改进我们做事的方式。"[15]

融合住房 SIB 项目的成功说服了柯克利斯市的地方政府官员，让他们相信这种新机制能够帮助当地人。因此，他们按照成果导向的思路，针对弱势成年人的情况，对现有的合同模板重新做了设计，从而可以更有效地为这些人提供住房服务。

另一个能进一步表明人们对 SIB 的信心不断增强的例子，是一项最初由英国政府发起的试点项目，该试点项目以帮助面临无家可归风险的人们为目标。这一试点项目的规模是 250 万英镑，柯克利斯市在试点成功后，将正式项目的规模扩大到了

2300万英镑。[16]

在美国,高盛"校友"安迪·菲利普斯(Andi Phillips)联合创立的影响力投资基金梅科姆资本(Maycomb Capital)推出了美国首只效仿 Bridges SIB Funds 的社会影响力基金。这只基金发起于 2018 年,计划募集总计 5000 万美元,支持者包括保德信金融集团(Prudential Financial)、克雷斯基基金会(Kresge Foundation)和微软前首席执行官史蒂夫·鲍尔默(Steve Ballmer)。[17] 梅科姆资本的投资之一是马萨诸塞州经济发展之路 SIB(Massachusetts Pathways to Economic Advancement SIB),该 SIB 由社会金融美国公司于 2017 年启动,专注于帮助移民融入社会。

大波士顿地区居住着大量的难民和移民,他们几乎不会说英语,因此很难找到工作,尤其是待遇高一些的工作。他们比有同等资质但英语流利的移民平均每年少挣 24 000 美元。他们中的许多人依靠政府帮助,超过一半的人依赖现金资助。[18]

造成这种情况的部分原因是语言学习服务匮乏,至少有 16 000 名成人学习者在候补名单上。最重要的是,现有的语言学习项目并没有与找工作或谋求更高薪水这样的需求相匹配。[19] 显然,在解决语言学习服务匮乏的问题上有必要规模化地实现更有效的项目成果,而"为成果付款"的模式就提供了这种可能。

通过上述的马萨诸塞州经济发展之路 SIB,40 位投资人提供了 1243 万美元的前置资金,这让慈善服务提供组织犹太职业服务(Jewish Vocational Services,JVS)能够通过四个把语言课程和就业服务相结合的项目,为 2000 名英语学习者提供服务。[20] 该项目的目标是增加就业,让学员找到薪酬更高的工作,以及帮助学员成功圆大学梦。项目的成果按季度进行衡量,并由此决定投资人能够得到的回款额,到目前为止,已经成功支付了 8 笔回款。[21]

JVS 首席执行官杰里·鲁宾(Jerry Rubin)解释了这对慈善服务提供组织意味着什么:"当你真的因为成功而获得报酬时,项目质量也会随之提升。如果你在衡量学英语后薪酬是否提高,这当然是可以衡量的,那么语言学习项目的目标就会被设计成帮助人们找到更好的工作和获得更高的薪酬。现在,成人教育和职业发展是分离的,而这个 SIB 模式将两者结合起来。你之所以把它们相结合,是因为这正是人们想要的和需要的。这种模式对学员和我们州都产生了真正有意义的成果,这是变革性的。"[22]

JVS 采用"为成果付款"项目模式的一个原因是鲁宾他们想扩大服务覆盖范围,让大量的成年人可以受益于他们的服务。但正如鲁宾所说,"我们没有融资机制"。另一个原因是,这种项目模式允许他们提供成果导向的服务。在这种情况下,JVS 通过提供英语教学、就业和职业指导相结合的服务,让学员们获得更好的经济发展机会。[23]

换句话说,将投资人对成果的明确要求和"为成果付款"相结合的方式,会带来项目的扩张、创新和影响力。当你考虑到这些服务提供组织获得拨款赠予是多么困难时,"为成果付款"显然为那些希望吸引大量资金来扩大规模的机构提供了一个更有效的融资选项。

截至 2020 年 1 月,美国有 26 个活跃的 SIB 项目,[24] 还有许多个正在开发中。而且，总筹资额也高于英国——美国金融业的规模化速度一直是最快的。

但与任何新事物一样，SIB 也有成长的烦恼和挑战。到目前为止，大多数 SIB 都相当小：平均每个 SIB 的受益人数约为 600 人，投资人承诺的前置资金中位数只有 200 万英镑左右。[25] 世界上最大的 SIB 是支持美国南卡罗来纳州的少女妈妈的项目，它的资金规模也只有 3000 万美元。

SIB 的设计和实施比拨款赠予更复杂，因为它们涉及三个利益相关方：成果付款人、服务提供组织和投资人。目前，和所撬动的资金量规模比，SIB 的交易成本相对偏高，但项目实施的便捷性和速度一直在提升。随着经验的积累，其条款和成果指标都将标准化，而且专业的成果基金和 SIB/DIB 投资基金都会进入市场，从而扩大影响力债券的规模。对 SIB 和 DIB 的评估，最终应该根据两项指标来进行：实现每个成果的成本，以及获得的成果数量。而我认为，将来 SIB 和 DIB 在这两项指标上都会远超传统拨款赠予的方式。

随着我们称为"影响力慈善"的新型慈善的到来，最好的服务提供组织开始记录其干预活动的过程和结果的数据。这一点至关重要，因为有关结果的记录可以让 SIB 和 DIB 这类"成功才付款"的投资模式更可行。如果服务提供组织能够准确地记录干预的结果，它们就能更容易地吸引投资。影响力慈善的最终目标是帮助更多的人，解决更大的问题。为社会服务提供组织提供创新和成长所需的工具和资金，是实现这一目标的途径。

> **影响力慈善的最终目标是帮助更多的人，解决更大的问题。**

DIB：慈善和援助的新模式

在最初的 SIB 模式中，私人投资者提供前置资金，政府在项目获得成功后向他们偿还前置资金并支付回报。然而，在大多数发展中经济体，政府缺乏资金来为成果付款。在 DIB 模式里，基金会和援助组织以及新兴国家的政府一起为成果付款。

新兴市场有许多迫切需要实现的成果，但资金是一个大难题。要在 2030 年实现 SDG，我们需要筹集大约 30 万亿美元。[26] 仅靠传统的慈善捐赠模式和政府支出无法达成这一目标。

DIB 提供了一种创新的方法来解决教育、健康和环境方面的重要问题，这些问题妨碍了人们的生活，限制了经济增长。DIB 可以带来有吸引力的回报，从而助力填补 SDG 的资金缺口。当新兴国家的政府无法依靠自己的资金来实现预期的成果时，DIB 能够吸引基金会和援助组织来为成果付款，并为实现这些成果的服务组织提供资金。尽管许多慈善捐赠者可能认为，为解决新兴市场存在的问题砸钱是徒劳的，但他们也被"为成果付款"这一想法所吸引。这是因为他们的付出会获得回报，同时会创造一种类似风险投资者和创业者之间存在的成功"化学反应"。

2015 年，第一个 DIB 启动，旨在增加印度女孩受教育的机会。印度儿童在获得适当的教育方面遇到相当大的阻碍：47% 的五年级学生不能阅读一个自然段的文字，30% 的学生不会做简单的加减法。来自家庭和文化的期望让女孩在这个问题上面临的困难更加严峻：42%的女孩被父母要求退学，全国只有55%的学校有女厕所。[27] 在印度拉贾斯坦邦，40%的女孩在五年级之前就辍学了。[28]

在由萨菲娜·侯赛因（Safeena Husain）创办并领导的DIB服务提供组织"教育女孩"（Educate Girls）开始介入时，纳拉亚尼（Narayani）已经辍学好几年了。"教育女孩"花时间和她的家人在一起，说服他们让她重新上四年级。多年后重返校园让她感到难以适应，"教育女孩"通过一个与教师和家庭合作的项目帮助她渡过了这个难关。这个项目通过补救式的辅导和支持来帮助像纳拉亚尼这样的女孩达到同年级学生的水平，这样她们就可以继续上学了。

在DIB项目实施期间，"教育女孩"收集了足够多的关于儿童学习方式的数据，并据此升级他们的辅导课程。多亏了这些十分细致的工作，在这个项目里学习了两年后，纳拉亚尼已经能够阅读印地语故事，解数学题，并且正在学习英语字母表。

这是全球第一个DIB项目，由哥伦比亚影响力金融顾问公司Instiglio发起，并取得了成功：项目实现了92%的学生入学率（超过了原来设定的79%的入学率目标）[29]，同时学生的学习进步程度比预定的最终目标高出了60%。[30] 项目的成功也意味着投资方瑞银慈善基金的成功，它从成果付款人儿童投资基金会（Children's Investment Fund Foundation）那里收回了27万美元的初始投资，外加年化收益率达15%的14.4万美元的投资收益，这些资金将被用于投资更多的项目。[31]

由于这个小型 DIB 项目的成功,"教育女孩"才得以筹集超过 9000 万美元的慈善拨款开展项目。这比"教育女孩"的初始资金在规模上有了巨大的增长,这也清楚地表明了 DIB 是如何帮助慈善服务组织扩大规模的。

截至目前,有 12 只 DIB 在运行中,[32] 包括第一个人道主义 DIB 项目——规模达 2500 万美元的红十字国际委员会（ICRC）人道主义影响力投资项目（PHII）,[33] 更多的 DIB 还在开发中。对这只 ICRC 的影响力债券,机构和个人投资者提供了必要的资金。PHII 在马里、尼日利亚和刚果民主共和国建立了援助中心,帮助那些因为暴力冲突、事故而受伤或疾病缠身的人。一群国际上的成果付款人（来自瑞士、比利时、英国和意大利的海外发展机构,以及西班牙一家大型银行的基金会——巴塞罗那储蓄银行基金会,也称为 La Caixa 基金会）将会在 5 年后,向投资人支付一定金额的资金。按照约定,根据项目的结果,投资人要么每年获得 7% 的回报,要么损失最多 40% 的投资。

在 ICRC 主席彼得·毛雷尔（Peter Maurer）的领导下,ICRC 正寻求利用 SIB 和 DIB 来降低其高达 80% 的政府拨款依赖度。负责此次债券发行的托比亚斯·艾普雷希特（Tobias Epprecht）说:"多年来,ICRC 一直在寻找新的资金来源,包括尚未提供支持的政府,以及私人资金和创新性的融资安排。实施这个 DIB 对我们来说是一次重要的学习经历。如果成功了,它会成为实施更大项目的奠基石。"[34] 换句话说,DIB 有潜力为 ICRC 等慈善组织创造重要的新收入来源。

毫无疑问，这些新模式有着巨大的潜力，但正如"教育女孩"的例子，首只 SIB 和 DIB 的初始规模都很小。"教育女孩"项目的服务对象是印度一个邦的几百名女孩，其结果最终改变了那些参与者的生活，但还有数百万人需要同样的帮助。

教育委员会（The Education Commission）2017 年的报告表明，我们面临着一场紧迫的全球学习危机：2.5 亿名儿童失学，还有 3.3 亿名儿童没有学习到基础知识。如果我们继续沿着这一轨迹前行，到 2030 年，世界上一半的青年将没有接受过教育或没有掌握基础知识，低收入国家中只有 1/10 的年轻人能掌握中学水平的基本技能。[35] 这个问题不容忽视，远非靠每次帮助几百个孩子就能解决。要解决这种严重的问题，需要广泛采用"为成果付款"模式。

成果基金正当时

这就是成果基金的意义所在。这些基金是专业管理的工具，可以与社会服务组织签订多个基于成果的合同。它们的目标是扩大基于成果的合同，并大幅减少将其落实到位所需的时间和成本。

一旦社会服务组织与成果基金签订了合同，前者就可以开始筹集履行合同所需的前置资金。这些资金可以由投资方通过 DIB 基金提供。这些投资方可能是常规投资人，也可能是发展援助组织或慈善基金会的投资部门。你可以把 DIB 基金和成果基金视为电池的两个电极，它们共同为社会服务组织提供资金。DIB 基金提供前置资金，而成果基金则在取得成果后向投资方偿还前置资金并支付回报。

这种创新方法如下图所示：

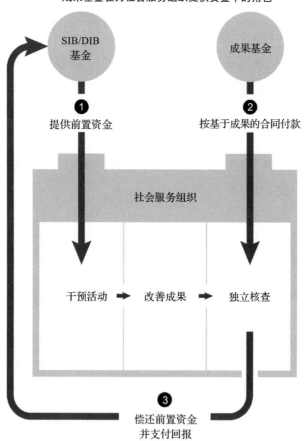

成果基金在为社会服务组织提供资金中的角色

比如，在改善新兴国家教育的过程中，为了建立这种动态流程，我们要经历以下步骤：

- 成果资助方（即最终为成果付款的人）承诺向成果基金提供 10 亿美元，由成果基金与社会服务组织签订基于成果的合同
- 这将促使投资人通过 DIB 基金向社会服务组织提供 7 亿美元，以便社会服务组织提供教育干预服务
- 非营利组织和目标驱动型企业等社会服务组织，提供教育干预服务，从而改善学生的学习成果
- 学生的受教育程度有所提高，这一成果会被独立验证
- 合同成果实现，触发成果基金向投资人支付款项，包括投资人的初始投资，以及回报（项目越成功，回报越高）

例如，非洲和中东教育成果基金的筹资目标是 10 亿美元，用来改善 1000 万名儿童的受教育程度。这是 GSG 和由戈登·布朗担任主席的教育委员会的联合倡议，该倡议得到一众国际基金会和其他慈善组织的支持，尤其是阿里科·丹格特基金会（Aliko Dangote Foundation）、福特基金会（Ford Foundation）、奥米迪亚网络、The Big Win、ELMA、瑞银慈善基金会、休利特基金会（Hewlett Foundation）和英国国际发展部（DFID），它们都在寻找能够最大限度地改善非洲和中东的教育的创新方法。由突尼斯的阿马尔·卡尔巴尔博士（Dr Amel Karboul）领导的这只教育成果基金，将促进那些行事有效的教育服务组织获得投资，比如非政府组织 Camfed，该组织为津巴布韦、坦桑尼亚、加纳、赞比亚和马拉维的最贫困社区的逾

50万名女孩提供教育支持；又比如另一个非政府组织iMlango，它在肯尼亚农村地区建立学校，提供个性化的电子学习平台、平板电脑和宽带接入服务。

正如前面讨论的"教育女孩"项目一样，成果基金模式正被用于帮助项目规模化成长。英国亚洲信托的成果基金已经筹集了1100万美元，用于在印度的拉贾斯坦邦、古吉拉特邦和德里推广教育项目，该项目将帮助20万名儿童。[36]

正在开发的最有希望的一个项目是由利比里亚政府主导的"利比里亚教育发展计划"（LEAP），它是把成果基金的运作方法引入该国社会服务领域的早期尝试之一。LEAP的目标是增加本国学校能提供的受教育机会——目前该国15~24岁的人口中有25%还不会读写；2015年，52%的小学适龄儿童没有入学。[37]

尽管LEAP现在是以政府和社会资本合作（PPP）的形式在运营，但其目标是成为一个基于成果的项目，目标成果的实现将决定成果资助方是否为LEAP付款。[38]

我相信，成果基金将促成突破，让世界上最好的非政府组织和社会企业家能筹集更多资金，扩大业务规模，帮助更多的人。我们面临的巨大问题需要强有力的新机制才能解决。大型成果基金将更容易让更大的SIB和DIB运作起来，减少发起项目所花费的时间和成本。另外，通过扩大干预的规模并延长项目时间，会给教育、医疗、就业和环境领域带来系统性的变化，改变当地的落后局面，并产生更有效的方案。

这个世界面临的问题前所未有地严重，将解决方案规模化势在必行。萨利·奥斯伯格（Sally Osberg）和罗杰·马丁（Roger Martin）强调，如果我们真的想解决社会和环境问题，就必须进行系统性的变革。[39]

随着资金流入目标规模为数十亿美元的成果基金，并吸引大型 SIB 和 DIB 基金一起参与，影响力创业者就能为自己的社会服务组织募集到足够多的资金来大规模实施他们的创新方法，进而带来系统性变革——就像风险投资和科技创业者通过科技革命带来系统性变革那样。

释放捐赠资金的能量

当然，拨款赠予只是传统慈善基金会捐赠模式的一部分。基金会还有捐赠资金（Endowment），和拨款赠予相比，捐赠资金的可投资资产总额相当可观。一个典型的基金会可能会将其95% 的资金用于投资，另外 5% 每年用作拨款赠予。这样做的目的是保证用于拨款的钱要少于捐赠资金的投资收益，以便基金会能永续存在和捐赠。赫伦基金会（Heron Foundation）的克拉拉·米勒（Clara Miller）将这种传统的基金会模式形象地描述为"一个整合了对冲基金和小型捐赠计划的复合组织"。

这种模式对慈善家意味着什么？想象一下，你是一家慈善基金会的执行董事，你正在与基金会的投资顾问会面。你们会谈论基金会捐赠资金的回报最大化，这可能意味着今年会投资一些主要的污染制造企业，甚至是一些化石燃料公司。你还要会见一位你的受资方——一家很出色的非营利组织，它致力于帮助当地居民保留他们的栖息地，以及保护野生动物和应对气候变化。

讽刺的是，你可能也意识到了：你的投资正在帮助制造你想要用拨款赠予来解决的问题，但你又觉得有义务让你的投资回报最大化。你希望你能确信自己可以通过拨款赠予和捐赠资金对环境产生净正面影响力，但你不知道如何计算。同时，你的受资方将报告他们做的活动，而不是项目产生的影响力——培训了多少名新发言人，组织了多少次抗议活动，而不是所保护的土地吸收了多少吨二氧化碳。你无法衡量等式两边任意一边的影响力，只能寄希望于你通过拨款赠予资助的项目对环境的帮助大于你所投资项目对环境的损害。

这种矛盾不是想象出来的——一个世纪以来，慈善事业就是这么运作的，而且不只是环保组织会面临这种问题。致力于减轻贫困的基金会同时投资了支付极低工资的公司，致力于保障冲突环境下难民权利的基金会同时投资了武器制造商。

慈善事业陷入这种"左右互搏"的困境有其苦衷。首先，法规通常要求基金会的董事和受托人专注于使用捐赠资金产生投资回报，这限制了他们运用投资行为去实现其使命。基金会的传统运作模式将捐赠资金与其使命分开——赚得越多，就可以捐得越多。由于没有一种通行做法来衡量不同公司的活动对社会和环境的影响力，因此很难提出理由来让基金会避免某些投资和寻求其他投资。

富有远见的福特基金会首席执行官达伦·沃克（Darren Walker）已承认了这一矛盾："作为一个致力于对抗不公正的全

球性基金会，我们注意到，这个制造了不平等的体系，也同时创造了我们的捐赠资金——其投资收益正在不断地为我们对抗不平等提供资金。"[40]影响力投资突破了这一困境，释放了捐赠资金的力量，帮助基金会实现最大的净正面影响力。通过影响力投资，基金会的捐赠资金可以为实现它自身的使命做贡献，而不是与之背道而驰。

影响力投资代表了用一种截然不同的思考方式来看待慈善的意义和实践，但这绝不是私人部门投资者对慈善事业的"恶意收购"。[41]就像达伦·沃克一样，基金会和其他非营利组织的许多人多年来一直在寻找更好的方法。影响力投资为愿意创新的基金会提供了一种方式——不仅能让资金发挥更大的影响力，同时也能实现市场回报率的方式。

一些基金会一直不愿将它们的捐赠资金转向影响力投资，因为这些基金会的管理者固执地认为受托人有义务使捐赠资金的回报最大化。但随着影响力思维的广泛传播，一些这方面的限制正在松动。例如，在美国，财政部于2016年发布了旨在促进影响力投资的新指导方针。美国社会创新与公民参与办公室主任指明了这一机遇："除了惯常考虑的财务回报之外，从投资中产生的预期慈善成果可能会强化基金会的使命，基金会管理者可以把这一点也考虑进来……不用担心面临税收处罚。"[42]基金会逐渐注意到这一点，越来越多的基金会将它们的捐赠资金作为另一种实现自己使命的工具。

英国也在2016年通过了一项新的慈善法案，明确了基金会受托人的义务不仅是赚钱，而且要实现合理的财务、社会和环境回报。该法案既定义了"社会投资",也赋予了慈善组织进行社会投资的权力。根据该法案,"一项社会投资成立,是当相关的慈善行动同时带着以下两种目的开展时:(a)直接促进慈善组织的宗旨;(b)为慈善组织取得财务回报……一个公司制的慈善组织,以及非法人慈善组织的慈善受托人,都有权力进行社会投资"。[43]

这些变化促使基金会进入影响力投资领域,这种举动意义深远。例如,总部位于伦敦的独立运作的健康基金会盖和圣托马斯慈善组织(Guy's and St Thomas' Charity),现在至少将其近8亿英镑捐赠资金的5%用于在社会中"支持更好的健康水平"。在具体操作上,它支持了一家专业医疗保健投资公司Apposite Capital,这家公司投资于那些提供高质量、可负担的医疗服务的企业。[44] 该基金会还将其3.8亿英镑的地产组合用于建设医疗保健设施[45]——其目标是通过把旗下所有资产都用于实现自身的慈善使命,最大限度地实现正面影响力。

福特基金会在达伦·沃克和投资老将彼得·纳多西(Peter Nadosy)的领导下,正带头利用捐赠资金实现财务、社会和环境回报的融合。2017年4月,基金会董事会批准了从基金会120亿美元的捐赠资金中,[46] 拿出10亿美元配置到使命相关投资(MRI)[47]——这是迄今为止捐赠资金做出的金额最大的投资承诺。[48]

有趣的是,这并不是福特基金会第一次引领慈善创新。1968年,它引入了项目相关投资(PRI)的理念——这种投资由于对慈善事业的高贡献和涉及的高财务风险,在税务上可被视为拨款赠予。到目前为止，福特基金会已经在 PRI 中投入了超过 6.7 亿美元，作为它对各个项目拨款赠予的补充。[49] 它目前管理着 2.8 亿美元的 PRI 资金。[50] PRI 和 MRI 的不同之处在于 PRI 被视为拨款赠予，可以被计算到每年必须捐出的捐赠资金价值的 5% 当中，以维持基金会的税收优惠地位，相比之下，MRI 是一种寻求社会和财务回报的投资，它是由该基金会未分配的 95% 的捐赠资金运作的。

福特基金会的"MRI 计划"意味着它要从捐赠资金中额外拿出 8%，用于实现基金会的使命。这一配置的目标是成为可以提供市场水平的财务回报率的投资，这通常高于 PRI 的平均回报率。合在一起，拨款赠予和捐赠资金可以共同帮助实现基金会的慈善目标。

福特基金会是如何使用捐赠资金里的这 10 亿美元的呢？例如，已经有 3000 万美元 MRI 资金用于解决美国的保障性住房危机，包括投资于资本影响力伙伴（Capital Impact Partners）的社区改善开发债券，以及资助建设保障性和绿色住房的开发商乔纳森·罗斯（Jonathan Rose）、奥纳斯（Avanath）等。[51] 这种方法非常合理，现在，福特基金会努力地在为穷人提供金融服务方面复制这一做法。[52]

正如达伦·沃克所说："如果过去 50 年的慈善事业是由 5% 的拨款赠予预算来定义的，那么接下来的 50 年，我们必须把另外 95% 的资产用于正义事业。"沃克承认，要解决我们面临的系统性社会和环境问题，需要的远不止福特基金会的 10 亿美元，但他认为福特基金会的承诺会鼓励其他基金会加入进来。美国的私人基金会持有超过 8500 亿美元[53]的捐赠资金,[54]美国之外的基金会持有约 6500 亿美元的捐赠资金,基金会具有发挥更大影响力的潜力。

其他美国基金会也开始效仿福特基金会的做法。克雷斯基金会已经设定了一个目标,到 2020 年把自己 3.5 亿美元捐赠资金的 10% 用于社会投资。拥有 69 亿美元捐赠资金的戴维和露西尔·帕卡德基金会(David and Lucile Packard Foundation)已确定了 1.8 亿美元的影响力投资授权。[55]加拿大的 J. W. 麦康奈尔家族基金会(J. W. McConnell Family Foundation)也要在目前 10% 的影响力投资配置的基础上继续加码。[56]

葡萄牙的卡卢斯特·古尔本基安基金会(Calouste Gulbenkian Foundation)是欧洲领先的基金会之一。最近,它从捐赠资金中拿出 4000 万欧元投资于 MAZE Mustard Seed 社会创业基金(MAZE Mustard Seed Social Entrepreneurship Fund),该基金旨在扩大早期技术的规模,以解决有重大影响的全球问题。这只基金投资的创业公司在解决一系列问题,从食物垃圾、教育到移民和难民的社会融合等问题。[57]

日本笹川和平基金会(Sasakawa Peace Foundation,SPF)也在朝着同样的方向努力。时任 SPF 的性别投资和创新部门总监 Mari Kogiso 说,对 SPF 而言,"拨款赠予并不总是实现其目标的最有效工具",这就是 SPF 开始探索影响力投资的原因。[58]在这个方向上,该基金会于 2017 年发起了亚洲女性影响力基金(Asian Women's Impact Fund),这只规模为 1 亿美元的基金旨在促进女性发展和性别平等。2018 年,该基金投资了 10 亿日元给蓝色果园小额信贷基金,支持女性赋权事业。[59]

许多家族基金会现在正在把捐赠资金百分之百地用于影响力投资。其中最引人注目的是赫伦基金会,其捐赠资金的规模为 3 亿美元。[60] 该基金会认为其受托责任是确保全部投资符合自己的使命。[61]

赫伦基金会已经改变了自己的运作结构,以反映其新的工作方式。赫伦基金会没有让投资端专注于将财务回报最大化,同时让捐赠端每年捐出资金规模的 5%,而是将二者整合在一起。这与米勒称之为"黑白宇宙"的传统模式形成了鲜明的对比。[62] 米勒说,现在"每个人都在努力将社会使命和财务使命最大化,将二者合成一股积极的力量"。

内森·卡明斯基金会(Nathan Cummings Foundation)效仿了赫伦基金会,将全部 5 亿美元捐赠资金用于 ESG 和影响力投资。[63] 其前总裁兼首席执行官莎伦·阿尔珀特(Sharon Alpert)认识到利用这笔捐赠资金所能产生的力量,并鼓励其他人利用它。"基金会行业手握数万亿美元的资产,但常常没有充分认识到手中资源的巨大价值。我们可以激发我们在投资端的力量,实现我们都想要也值得拥有的未来。"[64]

查理·克莱斯纳(Charlie Kleissner)和丽莎·克莱斯纳(Lisa Kleissner)创办的 KL Felicitas 基金会(KL Felicitas Foundation)将把全部 1000 万美元资产投到影响力投资上。[65] 他们还鼓励同行们也这么做。在全球影响力投资者行动社区(Toniic)的支持下,克莱斯纳夫妇共同创立了"100% 影响力网络",这是一个由 100 多个家族办公室、高净值人士和基金会（根据他们 2018 年的报告，23% 是家族基金会）组成的协作组织。[66] 他们都承诺让他们的投资组合专注于影响力投资。这个组织共掌管着 60 亿美元资产，已经配置的资产超过 30 亿美元，[67] 该组织的目标是打造一场影响力投资者的国际运动。[68]

新来的孩子们

一批新的基金会是这种新慈善模式的主要驱动者。这些新基金会是由近年来在商业和技术领域取得了巨大成功的创业者建立并主导的。他们关注的是可持续的、长期的资助，而不是短期的拨款赠予；他们越来越多地关注服务提供组织实现的成果，而不仅仅是其活动过程；他们鼓励创新，希望服务提供组织努力利用好他们的慈善资源，以创造最大的正面影响力为目标。

谁能成功地将资本主义最好的工具带入慈善领域呢？必然是从世界顶级企业家转型成为慈善家的那些人。eBay 创始人皮埃尔·奥米迪亚（Pierre Omidyar）和他的妻子帕梅拉（Pamela）创立了奥米迪亚网络，在那些正在改变慈善行业的行为方式的新一代慈善家群体中，他们扮演着重要角色。该组织采用了混合模式，由基金会和影响力投资公司组成，前者从事拨款和 PRI 投资，后者投资于目标驱动型企业。但他们一开始不是这样做的。

一开始，皮埃尔·奥米迪亚对传统慈善及其局限性感到沮丧。由于他有用商业的力量创造大规模影响力的经历，他因此想出了这个模式："起初，我们创建了一个基金会，努力做了几年传统的慈善，只是简单地拨款赠予，我变得有点沮丧，因为在同一时间我也看到了 eBay 作为私人企业产生的社会影响力。eBay 通过创建一个平台，让有共同兴趣的人们相遇，从而改善人们的生活。人们在 eBay 上做生意，创造就业机会，生活得更好了，我看到了商业让世界变得更美好的潜力。因此，在 2003~2004 年，我们说'好吧，纯粹的基金会方式只能做这么多了'，然后我们进行了重组，形成了奥米迪亚网络。"[69]

自称为"慈善投资公司"的奥米迪亚网络既从事传统的拨款赠予，也从事投资，将慈善事业和私人部门"围绕着同一使命结合在一起，即努力为世界各地的人们创造机会"。[70] 难民联合（Refugees United）是一个帮助流离失所的人与失散的家人团聚的网络平台，它是奥米迪亚网络的非营利受资机构之一。为非洲贫困社区提供廉价太阳能灯的 d.light，是奥米迪亚网络的营利性投资项目之一。[71] 这两种形态相得益彰，一起朝着奥米迪亚网络的使命前行。

截至目前，奥米迪亚网络承诺的 15 亿美元捐赠中大约有一半用于对非营利项目的拨款赠予，另一半用于对"有益盈利"（profit-with-purpose）的投资。[72] 除了将所有的慈善资金用于影响力项目，奥米迪亚还相信拥抱风险的价值，因而奥米迪亚网络将 10% 的支出用于与实验和学习相关的项目。奥米迪亚说，慈善家现在做的慈善"应该比他们的传统做法承担更多的风险"。他以风险投资业为例,"投资家代表了成就他人的顶峰",慈善家们应该向他们学习。[73]

奥米迪亚网络也是影响力投资领域最大的支持者之一。它的前任首席执行官马特·班尼克(Matt Bannick)代表美国参加了G8T,并大力支持了G8T里的美国国家咨询委员会,此外还支持了社会金融美国公司、GSG、教育成果基金的工作。他的继任者迈克·库伯赞斯基(Mike Kubzansky)致力于重新构想资本主义。奥米迪亚与eBay前首席执行官杰夫·斯科尔(Jeff Skoll)于1999年成立的斯科尔基金会(Skoll Foundation)一起,一直是影响力投资的重要推动力量。

与奥米迪亚网络类似,斯科尔基金会的目标是通过创新和企业家精神的力量在全球范围内实现系统性变革,这是影响力慈善新模式的标志。杰夫·斯科尔相信"要解决世界上最棘手的一些问题,最好把赌注押在社会企业家身上"。他提倡基金会用长期资助的方式来支持这些社会企业家,"帮助他们实现大规模创新",因为"没有限制用途的资助在社会企业家的创新和创业成长中扮演着重要的角色"。[74]

世界上最大的基金会比尔和梅琳达·盖茨基金会(Bill and Melinda Gates Foundation,简称"盖茨基金会")拥有约450亿美元的捐赠资金,它已经把商业方法引入慈善,并采取了以成果为导向的拨款方式。该基金会不要求受资方提交行动报告,它自己寻找方法来衡量结果。[75]

盖茨基金会的业务范围并非仅限于通过拨款赠予资助项目。通过成立于2009年的战略投资基金(Strategic Investment

Fund，SIF），它还开展低息贷款、股权投资业务，并为解决重大问题的营利性公司提供"销量保证"，以解除其后顾之忧。[76] 它利用这些工具来撬动私人部门创新的力量，用不同的方法规模化地解决不同的问题。

例如，为了帮助世界各地的妇女获得负担得起的避孕用品，盖茨基金会承诺购买 1.2 亿美元的植入式避孕装置——这是市面上最有效和对使用者最友好的避孕装置之一。这一"销量保证"为该植入式装置的制造商拜耳和默克公司保证了市场规模，作为交换，这两家制造商同意降低产品价格。[77] 得益于这一努力，4200 多万份植入式避孕装置已经被分发到了世界上最贫穷的一些国家。[78]

在股权投资方面，盖茨基金会寻找的标的是处于早期阶段的生物技术公司。作为早期投资者，它有能力影响被投企业。这样一来，它就能确保技术进步被用于对抗那些影响着世界上最贫穷人群的疾病，包括确保被投企业开发的产品和工具能够让这些最贫困的人群负担得起。目前，盖茨基金会已经进行了大约 40 项此类投资，总投资额约为 7 亿美元。[79] 这些投资的标的包括开发癌症和传染病疫苗的 CureVac，开发免疫编程技术的 Vir Biotechnology，以及 Intarcia Therapeutics——它正在研究通过新的药物输送技术，帮助人们转变对糖尿病和艾滋病等慢性疾病的处理方式。[80]

CZI 是最有希望的新型家族基金会之一。2015 年，30 岁的马克·扎克伯格和妻子普莉希拉·陈宣布，他们计划将 450 亿美元[81]财富中的 99% 用于 CZI。他们的目标是对关注"个性化学习、治疗疾病、连接人和建立强大社区"的影响力投资项目进行实质性投入。[82]

陈和扎克伯格采取了一种非传统的慈善方式。他们将CZI设立为有限责任公司,而不是传统的基金会,这意味着CZI不受基金会相关法规的限制,它可以通过投资于影响力项目来赚钱,并将这些钱再投资到其他影响力组织。与老牌基金会相比,像这样的新型基金会往往更愿意尝试成果基金和为成果付款的方式。

一些老牌基金会也加入了这些"新人"的行列,开始尝试新的慈善模式。例如,麦克阿瑟基金会(MacArthur Foundation)正在领导一项新的尝试,通过它称之为"催化资本"的模式来吸引影响力投资,从而扩大慈善组织的资金规模。具体做法是麦克阿瑟基金会从拨款赠予中拿出一部分资金,并开出优惠条件吸引外部投资者一起进行影响力投资。麦克阿瑟基金会最近与洛克菲勒基金会和奥米迪亚网络合作,通过催化资本财团(Catalytic Capital Consortium)提供1.5亿美元的低息借款和股权。它的目的是帮助慈善组织做好接受影响力投资的准备,并帮助这些组织通过吸引大量投资来扩大规模。[83]这些久负盛名的慈善组织和新加入的机构联手,很可能会共同引领影响力慈善事业的进步。

反思时刻

在牛津举行的2019年斯科尔世界论坛(Skoll World

Forum）的一次会议上，听众被问到是否觉得慈善事业正处于反思时刻，几乎在场的每个人都觉得确实如此。[84]影响力慈善是这个反思时刻的升华。通过反思，我们认识到：我们必须关注成果而不是活动过程，我们可以衡量成果，我们应该在拨款赠予中使用"为成果付款"，以及基金会的捐赠资金应该用来实现其慈善使命。

基金会的性质使它们成为影响力革命的完美领导者。由于它们的慈善身份和使命感，它们可以尝试扮演不同的角色——资助人、投资人、担保人或成果付款人。它们可以提供资金以促进影响力增长，并推动社会服务组织、政府和投资人三者携手，以新的方式来解决社会问题。

在资助影响力运动的发展方面，基金会也扮演着重要角色。所有的大型社会运动，都是由慈善家资助的，影响力运动也是如此。美国的奥米迪亚网络、福特基金会、洛克菲勒基金会、麦克阿瑟基金会、克雷斯基基金会和休利特基金会，欧洲的德国贝塔斯曼基金会[85]和葡萄牙卡卢斯特·古尔本基安基金会[86]，以色列的罗斯柴尔德勋爵（雅各布）家族基金会、Yad Hanadiv 基金会和埃德蒙德·罗斯柴尔德基金会，印度的拉丹·塔塔和塔塔信托，都支持影响力运动。

鉴于慈善事业有义务以最有效的方式配置资源，帮助尽可能多的人，它必须抓住影响力投资所提供的机会。基金会也必须承担风险，资助创新，并利用拨款赠予和捐赠资金来实现它们的使命。影响力投资及其新工具——SIB、DIB 和成果基金，让慈善事业能够解决我们面临的最大难题。作为影响力运动天然的火炬手,慈善事业有望为慈善组织、投资人、创业者、大企业和政府带来新的曙光,为我们这个时代最大的社会和环境问题带来解决方案。

第六章

政府：更快地解决更大的问题

我们必须转变我们的经济体系，创造积极的成果。

我们的经济体系有自我毁灭的特征。不受约束的资本主义造成了巨大的社会和环境问题，政府试图通过向每个人征税来解决之，而投资者和公司只关注赚钱。这没有道理。

影响力改变了一切。它将私人部门从一个污染制造者和不平等的助推者转变为一股强大的向善力量。通过努力优化"风险－回报－影响力"模型，创业者和公司创造了新产品和服务，以此改善人们的生活和地球环境。考虑到我们今天面临的社会和环境挑战的规模，政府需要公司在新解决方案的开发中发挥核心作用。这是我们向影响力经济转型的方式。在这种经济里，人们在做出跟消费和投资有关的决策时，都会以"风险－回报－影响力"模型为基础。

> 影响力改变了一切。它将私人部门从一个污染制造者和不平等的助推者转变为一股强大的向善力量。

向一个真正的影响力经济转型，意味着一种经济运作方式的根本性变化——从认为商业和投资仅仅关乎利润，转变为意识到它们是孕育解决方案的必要载体。私人部门和政府都需要各司其职，私人部门必须通过创新提供新方案，而政府也需要接受这些新方案，这样才能应对严峻的挑战。

影响力投资如何帮助政府履行其职责

政府有巨大的能量来发起变革和引导进步。政府认识到，经济增长并没有提供我们所希望得到的解决办法——我们需要的不仅仅是平均生活水平的提高。那些被日益繁荣的时代落下的人们，往往无法摆脱他们所处的困境，有时，他们一出生就处于这种环境中。如果你出生在一个父母失业并染上了不良嗜好的家庭，你也很有可能会陷入同样的难以自救的怪圈。

贫困、教育资源不足、失业、人口老龄化和环境破坏只是我们所面临的挑战的一部分。尽管各国政府做出了努力，但仍未能找到解决办法。我认为部分原因是政府的一般职能决定了政府不擅长做高风险投资和创新的事情，也不愿意承担偶尔的失败之责。那我们该怎么办？这就是影响力投资能发挥作用的地方。

前面的章节已经展示了影响力如何建设性地颠覆了创业、投资、大企业和慈善的通行做法。它还带来了几股转型力量，帮助政府更快地解决更大的问题：

- 第一，它可以衡量政府支出所取得的社会成果，使政府更加透明、负责和高效。
- 第二，它像技术革命一样利用私人资本和弘扬企业家精神，激发应对社会和环境问题的创新。通过这种方式，它把投资人、慈善组织、大企业、慈善家和政府联合起来，推动其解决重大问题。
- 第三，它引入"为成果付款"的公共服务采购模式，并通过成果基金吸引慈善家参与，还通过 SIB 和 DIB 基金吸引私人投资者提供项目所需的前置资金。这保证了政府的资金能够被有效使用，因为政府只为已经取得的成果买单。
- 第四，它可以获得税收渠道之外的公共资金，比如银行、保险公司和投资基金中的无主资产。这些资金可以用来发展强大的影响力投资管理人部门，为慈善组织和目标驱动型企业提供启动和成长资金。

将政府采购模式从采购具体的社会服务项目转变为采购SIB实现的成果，会推动"为成果付款"这一模式的普及，并开创一个蓬勃的"为成果付款"的市场。各国政府要鼓励发展各种形式的影响力投资，鼓励"为成果付款"的模式以及公司和投资者对影响力的衡量。这样做，最有可能帮我们找到急需的解决社会和环境问题的方案。

通过这样做，政府可以加快向"风险－回报－影响力"经济转型。这是促进影响力投资快速增长的最佳方式，就像20世纪70年代末政府为风险投资的快速增长所做的那样。

在美国，早在1979年，一项对《雇员退休收入保障法》（Employee Retirement Income Security Act，ERISA）的修正案就让可用于投资的资金供应大幅增加，因为这个修正案允许公司养老基金投资于风险基金。[1] 在此之前，养老基金在配置高风险资产（包括风险投资）方面受到了严格的限制。1979年之后，养老基金对风险投资的投入大幅增加，从20世纪70年代的每年1亿～2亿美元飙升到了20世纪80年代末的每年40多亿美元。[2] 监管方面的这一重要变化，加上资本利得税的下调

（1978年下调至28%，1981年进一步下调至20%），极大地推动了风险投资的发展。现在，风险投资的全球规模已增长至约1万亿美元。

政府在创造系统性变革方面的作用至关重要。玛丽安娜·马祖卡托（Mariana Mazzucato）在《创新型政府》一书中正确地指出，"政府积极塑造和创造了市场"。这就是各国政府现在需要为影响力市场做的事情。政府可以用非常明确的方式刺激影响力市场的增长。下面讲具体应该怎么做。

政府应采取的9项措施

GSG的一份报告[3]显示，多国政府（包括英国、美国、法国、日本、加拿大、意大利、韩国、以色列、葡萄牙和澳大利亚）已经开始采取措施，刺激影响力资本在本国的流动。如果以下9项措施都得到广泛采用，那将从根本上改变世界。

1. 要求公司衡量自己的影响力

2008年的金融危机引发了人们对整个金融体系的广泛不满，人们普遍将这场危机归咎于银行家的过度利己。它在许多方面开启了今天关于是否需要改革我们的体系的激烈辩论，就像1929年华尔街股市大崩盘所造成的影响一样。如果影响力经济是回应21世纪的挑战的答案，而标准化的影响力衡量是创造这种经济的必要条件，那么政府应该牵头要求公司收集和审计关于其活动的影响力数据。

许多国家已经开始这样做了。比如，日本于2016年建立了社会影响力衡量倡议（Social Impact Measurement Initiative，SIMI）组织，其拥有超过130多个成员，包括基金、公司、非营利组织和中介机构。这一倡议提出了通用的影响力衡量指引。在法国，政府资助的影响力投资基金NovESS开发了衡量和监测社会影响力的工具MESIS。在意大利，教育、研究和大学部支持了10所意大利大学，这些大学正在开发关于影响力衡量的新知识。

欧盟成员国还必须把2014年的《非财务信息报告令》（Non-Financial Reporting Directive）纳入本国法律。[4]《非财务信息报告令》要求员工超过500人的公司发布一份非财务信息报表（NFIS），这个报表要提供公司的社会和环境影响力的全面图景。这个规定为欧盟成员国采用影响力加权报表奠定了良好的基础，这也是欧盟成员国朝着创建欧盟范围内的影响力经济迈出的良好的第一步。

最近，欧盟在2019年年底发布了新的披露规定，要求投资机构公开说明它们采取了哪些措施来确保自己在投资和咨询业务流程中充分考虑了ESG风险。欧盟此举是为了督促投资机构关注ESG风险，从而建立一个更负责任的金融体系。[5]

政府要求所有的公司和投资者衡量并报告其影响力，这标志着一个新时代的开始，在这个新时代，我们对"价值"和"成功"的定义将与社会的需求相一致。

2. 任命一名内阁级别的部长来领导影响力政策

建立一个由影响力部长领导的专职政府部门，这对于确保影响力被确立为政府的优先事项至关重要。这位部长要负责制定国家的影响力战略，制定支持性政策，并促进所有政府部门在影响力倡议方面的合作。

2003 年，托尼·布莱尔（Tony Blair）领导的英国工党政府成立了一个中央部门，支持当时被称为"社会投资"的业态。2010 年戴维·卡梅伦领导的保守党大选获胜后，他指定内阁办公室负责管理影响力投资，相关事项直接向首相汇报。办公室成员弗朗西斯·莫德（Frances Maude）、尼克·赫德（Nick Hurd）和基龙·博伊尔（Kieron Boyle）在担负着诸多职责的同时，也负责建立 BSC，希望把它打造成一种可以驱动影响力生态的社会投资银行。一年后，也就是 2013 年，这个内阁办公室支持成立了 G8T，并承担起 G8T 秘书处的职责。今天，这个工作组还在继续开展工作。

巴西、法国、加拿大、葡萄牙、韩国等国的政府都设立了专门的影响力投资部门。巴西在工业部内设置了创新和新业务秘书处。[6] 它制定了《国家投资与影响力商业战略》（ENIMPACTO），这是一个关于影响力投资的十年战略，有助于促进巴西影响力部门的发展。

在法国，生态转型部最近也通过立法、监管和媒体积极推动影响力投资。它还通过影响力公约（Pact for Impact）推动了一项建立、促进和加强影响力经济的国际议程。

3. 公布社会问题成本

为政府计算社会问题成本是开发基于成果的解决方案的第一步——这对于将社会影响力量化和货币化,以及将社会影响力与财务回报挂钩至关重要。毕竟,如果你不知道再犯罪的代价,你怎么算出降低再犯罪率的合理回报呢?公开这些信息有助于奠定基于成果的投资市场的基础。

考虑到这一点,英国内阁办公室于2014年公布了单位成本数据库,提供了600多项社会成本的估算值,涉及教育和技能、就业、健康、犯罪、住房和社会服务等。[7]这是迄今为止量化此类成本的最全面的尝试,已成为英国影响力投资生态的重要组成部分。

截至2020年,葡萄牙是唯一效仿英国的做法的国家,该国于2017年建立了自己的政府成本数据库。这是一个在线门户网站,提供了90多个社会成本指标。[8]例如,羁押一个犯人每天要花费42欧元,把一个少年犯关进青少年拘留中心每天需要花费137欧元。[9]

一些非政府组织也在建立类似的成本数据库:长期致力于提倡影响力衡量的非营利组织英国社会价值(Social Value UK)设立了英国全球价值交易平台(UK's Global Value Exchange)。这是一个免费的在线平台,提供了一个众包的数据库,包含了数值、成果、指标和利益相关者等字段,由超过30 000个全球影响力衡量指标构成。[10]

4. 将政府的工作重点从投入转向结果

解决我们今天面临的社会和环境问题，已经时不我待，一定要钱尽其用。这就是为什么政府需要把工作重点从投入转向结果。诚如我们所见，只有专注于结果，才能找到最有效的干预方式并规模化地执行。更多的政府

> 解决我们今天面临的社会和环境问题，已经时不我待，一定要钱尽其用。

应该选择关注结果，而启动 SIB 通常是最佳的起点。

法国政府从 2016 年开始发行 SIB，法国人称之为"社会影响力合约"。法国目前已经有 6 个确立的 SIB。第一个 SIB 由非营利组织 Adie 牵头，向缺乏工作机会的人，或者想创业但拿不到银行贷款的人发放小额贷款。第二个 SIB 由 Passeport Avenir 负责，为弱势群体提供财务支持，支持他们继续接受教育，直到研究生毕业。[11] 私人部门领导人也在紧跟政府的引导，法国最大的银行法国巴黎银行（BNP Paribas）投资了所有这些 SIB。

芬兰有 7 个正在开展或开发的基于成果的项目。它已经发行了欧洲最大的 SIB——一只支持难民和移民融合的影响力债券，规模为 1420 万欧元。芬兰正准备发行欧洲首只环境影响力债券。

在社会金融以色列公司（Social Finance Israel）首席执行官亚隆·纽多尔弗（Yaron Neudorfer）的推动下，以色列政府直接和间接地参与了两个 SIB：一个旨在预防 2 型糖尿病，另一个旨在加强贝都因青少年的数学教育。[12]

我与哈里·所罗门爵士（Sir Harry Solomon）在 2003 年共同创立了非营利"行动库"㊀波特兰信托（Portland Trust），致力于在经济层面促进以色列人和巴勒斯坦人和平相处，并于 2017 年在巴勒斯坦建立了另一个糖尿病预防 DIB。巴勒斯坦银行提供了投资资金，巴勒斯坦电信公司与巴勒斯坦政府一起作为主要的成果付款人。有了这个小型 DIB 打头阵，世界银行 2019 年推出了 500 万美元的世界银行巴勒斯坦就业 DIB，世界银行在后台提供资金支持，由巴勒斯坦财政部出面作为成果付款人，投资人包括巴勒斯坦投资基金、投资巴勒斯坦（Invest Palestine）、欧洲复兴开发银行和荷兰开发性金融机构 FMO。

阿根廷的首个由政府支持的 SIB 项目于 2018 年在布宜诺斯艾利斯启动。这只影响力债券的目标是为城市南部的弱势青年提供就业机会，由机构投资者和私人投资者提供资金，当地政府把这个 SIB 项目作为试水项目，筹划未来推出更多 SIB。[13]

英国政府率先成立了一只专门基金来试水 SIB。2012 年，英国就业与养老金部（Department for Work and Pensions）启动了一只 3000 万英镑的创新基金，为帮助弱势年轻人的 SIB 项目的成果付款。英国政府在同年通过了《社会价值法案》（Social Value Act），提高了政府采购中影响力的分量，这项法案要求公共部门在招标过程中除了考虑价格外，还要考虑经济、社会和环境因素。[14]

㊀ "行动库"（Act Tank）是相对于"智库"（Think Tank）而言的，"智库"也称"思想库"。

现在，英国稳步扩大基于成果的项目在政府服务外包中的比例。英国政府正在就业、医疗、获释人员重返社会和国际发展等领域使用基于成果的合同。一个例子是它的困难家庭项目，该项目已经分配了 10 亿英镑来帮助 50 多万个困难家庭解决逃学、失业、心理健康问题及家庭暴力和犯罪等问题。[15]

除了提高政府支出的效率外，更多基于成果的社会服务外包还有助于创造一个繁荣的 SIB 市场，吸引私人资本支持政府的努力。

5. 设立中央成果基金，促进有效服务提供

中央成果基金可以催生基于成果的合同，包括 SIB 和 DIB。这些基于成果的合同在规模化运作的过程中，可以促进政府、慈善家和私人部门之间的合作，并催生出支持政府政策的项目。它们还提供了证据，表明什么做法是有效的，它需要多少成本，以及能给政府节省多少开支。

来自我们此前讨论过的 Bridges SIB funds 的证据表明，为成果支付的 4600 万英镑给政府创造了将近 8000 万英镑的价值，这还不算在健康、福利、社会公平和其他服务方面价值巨大的长期节余。[16]

2016 年，英国启动了首只中央成果基金——8000 万英镑的生命机会基金（LCF），旨在帮助那些在生活中面临最艰难挑战的人，重点关注药物和酒精依赖症患者、需要获得儿童服务的人、年轻人和老年人。该基金支付总成果费用的大约 20%，其余费用由地方议会支付，这是因为项目的风险、取得的成果

和节省的款项都应该由地方政府和中央政府共担共享。LCF 预计将从地方议会那里再撬动 3.2 亿英镑，为基于成果的合同创造一个 4 亿英镑的资金池。

在美国，国会于 2018 年通过了《社会影响力合作伙伴为成果付款法案》(Social Impact Partnerships to Pay for Results Act，SIPPRA)，并为财政部的成果融资提供了 9200 万美元。希望实现的成果包括改善儿童和孕产妇健康、减少无家可归者人数、降低再犯罪率和增加青年就业，主要的要求是该成果必须"带来社会福利和为联邦、州或地方政府节省开支"。

6. 将影响力投资纳入国际发展援助

如前所述，要实现 SDG，未来 10 年每年需要 3.3 万亿～4.5 万亿美元。全球可用的开发性资金每年约为 1.4 万亿美元（包括外国直接投资、债务和股权投资、官方援助和开发性金融机构投资），每年的缺口约为 2.5 万亿美元。[17] 由于政府的预算约束日益收紧，加之公众向政府施压要求政府说明公共支出是否有效，所以国际发展不能仅仅依靠传统工具，它需要找到应对发展挑战的新方法。

政府也认识到需要新方法。在 2019 年的七国集团会议上，各国的发展部长宣布他们支持影响力投资、DIB 和成果基金，"对于 2030 年可持续发展议程来说，成长中的影响力投资市场是一股意义重大且高效的融资力量"。这些部长们还承认七国政府需要创造"有利的政策环境"，以支持向发展中国家进行影响力投资。[18]

包括DFID在内的官方发展机构已经将影响力衡量和投资纳入它们的工作中。DFID于2012年启动了其影响力项目，并计划在未来23年内提供高达1.6亿英镑的资金，培育撒哈拉以南非洲和南亚的影响力投资市场。[19]该项目通过DFID的投资部门CDC集团进行投资，CDC是英国的开发性金融机构。CDC在非洲和南亚有一个规模高达55亿美元的股票和债权投资组合，最近还为一个新的催化战略倡议配置了15亿美元，采取"灵活应对风险的方法，换取开创性的影响力"，"塑造新兴市场和建立更包容和可持续的经济"。[20]

凭借其巨大的资源，英国CDC等开发性金融机构是新兴市场强有力的投资者。因此，它们现在参与推动影响力投资、影响力衡量和"为成果付款"项目的发展，意义重大。

政府开发性机构可以通过建立成果基金来提高其影响力，而它们的开发性金融机构可以投资于DIB。下面是这种新模式正在发挥作用的一个有趣例子。非营利组织乡村企业（Village Enterprise）负责执行一个总额为528万美元的乡村企业DIB，其目标是通过4年多的时间创建超过4000家可持续微型企业，改善肯尼亚和乌干达农村地区超过1.2万个家庭的生活。[21]这是世界上第一个专门致力于扶贫的DIB，也是世界上第一个专门服务于撒哈拉以南非洲地区的DIB，吸引了DFID等的援助款为该项目所取得的成果付款。[22]

在这个案例里，DFID和其他捐助者向一个由第三方管理的成果基金捐款。如果乡村企业实现了减贫目标，成果基金将向初始投资人返还资金。尽管DFID只支付乡村企业实际实现的成果，乡村企业也会受益，因为它筹集到的资金比通过传统拨款筹集到的更多。[23]

7. 释放无主资产，建立"影响力资本母基金"

想象一下，你只要打个响指，就可以在一个国家的预算中增加25亿美元，而且既不需要增加税收，也不用削减关键项目。世界各国政府发现，它们可以利用无主资产来实现这一目标，这本质上就是凭空创造货币。

无主资产，指的是与所有者分离多年的银行账户、保险单和投资所对应的资产，是政府的一个可靠的公共资金来源，所提供的资金可以用来解决社会问题。事实上，一些政府已经在利用这些"免费资金"创建影响力资本母基金，以此加速影响力投资的增长。

影响力资本母基金向影响力投资公司提供资金，鼓励其他投资者参与出资，并在这个过程中普及影响力投资知识，推动各类投资者在影响力投资领域的合作。这些工作可以促进影响力衡量的发展和影响力生态的繁荣。影响力资本母基金既可以投资于影响力投资公司本身，也可以投资于这些公司管理的基金。影响力资本母基金同时也在担当影响力行业的倡导者角色，并向政府建言对影响力行业多加支持。影响力资本母基金可以由被释放的无主资产投资，也可以由政府、私人部门直接投资，或三者共同设立。

英国是第一个看到无主资产有潜力引发真正的社会变革的国家。2011年，在无主资产委员会（我曾经于2005~2007年担任该委员会主席）提出建议之后，当时领导内阁办公室的弗朗西斯·莫德，让我和来自摩根大通的尼克·奥唐诺荷（Nick O'Donohoe）在 SITF 于 2000 年提出的一系列建议的基础上，建立一家社会投资银行。莫德告诉我，卡梅伦政府准备为此提供 4 亿英镑无主银行资产。

在此基础上，2012 年，巴克莱银行（Barclays)、汇丰银行（HSBC)、劳埃德银行（Lloyds）和苏格兰皇家银行（Royal Bank of Scotland）又额外补充了 2 亿英镑，这些资金被用来建立了 BSC，由我担任主席，尼克·奥唐诺荷担任首席执行官。自那以后，又有 6 亿英镑拨给了回收基金（Reclaim Fund），[24] 这个基金致力于收集无主资产，并根据政府的指示进行资金分配。

BSC 的职责是给那些投资经理提供资金，支持他们投资于慈善组织和社会企业。它的目标是帮助发展中的影响力行业建立基础设施，这一行业将为以前完全依赖捐赠和拨款的社会组织带来投资。BSC 还努力普及影响力投资，并代表影响力行业与政府就社会问题进行政策层面的讨论。

自成立以来，BSC 已经向 40 多个影响力投资经理投资了 17 亿英镑，有的是自己直投，有的是和它所吸引的联合投资者一起投。这些影响力投资经理正在利用这些资金解决各种社会问题，包括无家可归、保障性住房短缺、青年失业、社区组织活力不足、儿童肥胖和心理健康方面的问题。[25]

这有什么效果呢？用 BSC 主席哈维·麦格拉斯爵士（Sir Harvey McGrath）和前首席执行官克里夫·普赖尔（Cliff Prior）

的话说，它"带来了巨大的变化——为1100多家社会企业和慈善组织提供资金。这些社会企业和慈善组织的员工富有创新精神并充满激情，正在勤奋工作以改善英国各地人民的生活"。

扩大英国无主资产（也被称为"休眠资产"）的计划正在进行中：2019年，尼克·奥唐诺荷担任主席的休眠资产委员会报告说，有多达20亿英镑的无主资产可以从保险公司、养老基金和投资基金中释放出来。

一些国家已经效仿英国建立了影响力母基金，有时就是使用了无主资产。日本宣布释放35亿美元无主银行资产，旨在于未来5年助力解决社会问题。日本国会在2016年通过了《休眠账户使用法案》，该法案规定将休眠10年以上的银行账户的资金交由一个新的基金会——指定使用基金会（Designated Utilization Foundation）管理。[26]

据GSG日本国家咨询委员会估计，这一基金会将在未来5年内以拨款、贷款和其他的资金提供形式每年向私人部门提供多达7亿美元的资金。[27]

放眼全球，葡萄牙已经建立了葡萄牙社会创新（Protugal Inovação Social，PIS）基金，一只从欧盟获得了1.5亿欧元资金的影响力母基金。[28] 韩国宣布了设立一只3亿美元规模的影响力母基金，资金一半来自政府，另一半来自私人部门。意大利已向金融服务提供商存贷款公司（Casa de Depositi e Prestiti，CDP）拨款2500万欧元，指定该公司负责设立一只影响力母基金。2019年，爱尔兰推出了"休眠账户行动计划"，为弱势群体提供超过 3000 万欧元的资金支持。²⁹ 在加拿大，MaRS 影响力投资中心（MaRS Center for Impact investment）已提议将 10 亿美元的无主资产（包括无主银行账户资金、证券和法庭裁决款项）用于"保障性住房、就业、减贫和其他优先领域的影响力投资"。³⁰

美国政府虽然还没有设立这样的一只新的影响力母基金，但也已经采取行动，通过小企业管理局（Small Business Administration）提供影响力资本。该局在 2011 年建立了一只 10 亿美元的影响力投资基金。这只影响力投资基金每年向私募股权基金提供 2 亿美元，用于投资小企业，以便获得最大的财务回报，同时产生可衡量的社会、环境或经济影响力。³¹

我在 BSC 7 年的经验告诉我，影响力母基金对影响力投资市场的发展是多么重要。正如股票市场没有中介就无法运作一样，影响力市场也需要中介，在这种情况下，影响力投资公司可以由影响力母基金提供资金。尽管这些影响力投资公司的投资经理可能还不像风险投资家那样有魅力，也不像交易大厅里大喊大叫的交易员那样引人注目，但和任何市场一样，没有他们，影响力投资市场就无法运作或增长。

8. 监管改革和税收激励，增加影响力资本供应

政府手里最好的工具，是可以影响投资者的资金流向的政策。诚如我们所见，资产管理公司管理着全球 85 万亿美元的资产，而养老基金管理着 38 万亿美元。³² 这些资金数额巨大，如果引导它们去产生影响力，它们将为政府应对巨大的社会和

环境挑战提供显著的帮助。20世纪80年代风险投资的爆炸式增长，就是政府通过监管改革和税收激励让一个行业发生根本性变革的例子。

英国是第一个为面向慈善组织的社会投资建立特殊激励机制的国家。社会投资税收减免（Social Investment Tax Relief，SITR）计划于2014年推出，为社会投资提供30%的税收减免优惠。受益于该计划的被投机构包括格拉斯哥的自由面包店（Freedom Bakery），它培训囚犯制作手工面包；以及曼彻斯特联队（FC United of Manchester），这是一家从事青少年就业和成人教育的合作社；还有布里斯托附近的文化遗址克利夫登码头（Clevedon Pier），它利用通过SITR计划筹集到的资金翻新和修复了码头。[33]

遗憾的是，欧盟的"国家援助"规则对每个投资者可以通过SITR计划获得的投资金额设定了较低的上限，导致该计划项下的资金量非常小。目前欧盟正在对该计划的规则进行评审，我希望它的投资金额上限能大幅提高。

长期以来，可享受税收减免一直是美国社会投资的一个特征，比如，鼓励房地产开发商在中低收入社区建造保障性住房的税收减免政策。最近出台的一些政策可以对投到指定地区（Opportunity Zones）的资金给予降低税率、延迟纳税或免除资本利得税的优惠。[34]

在法国，团结基金和影响力公司的投资者能获得18%的所得税减免和50%的遗产税减免；[35]葡萄牙是少数几个提供SIB激励措施的国家之一；意大利为小型社会企业的股权投资项目提供 20%～25% 的税收减免；阿根廷为可再生能源和绿色债券的投资项目提供税收优惠。[36]

除了税收激励，政府还可以在立法和监管层面提供支持，从而赋能养老基金和慈善捐赠资金等开展影响力投资。法国是养老基金领域的领导者：它的"90/10 立法"于 2001 年推出，然后在 2008 年扩大到全国所有的雇员养老金储蓄计划。现在，法国所有养老金储蓄计划的第三方管理机构都有义务提供"90/10 计划"，该计划将不超过 10% 的资产投向未上市的社会企业，其余的 90% 投资于上市公司，并遵循社会责任投资原则。正如我们在第三章中所看到的，这些基金的日益普及使得该市场的规模从 2009 年的 10 亿欧元增长到今天的约 100 亿欧元，代表超过 100 万养老金储蓄计划成员进行投资。[37]

考虑到养老基金在全球持有大量资金，养老基金监管是各国政府的优先事项。让其他国家的养老基金投资者可以像法国的投资者那样，有机会选择符合自己价值观的投资项目是合情合理的——比如，选择旨在促进 SDG 的投资组合。

要做的工作还有很多。目前的监管框架，要求机构投资者追求利润至上，这种监管要求极大地限制了资金流入影响力项目。我自己的公司安佰深的经验表明，监管政策的调整可以创造出新的市场空间，也因此开启了多种可能。我们在 1981 年第一次向欧洲市场募集投资于英国的基金，总额只有 1000 万英镑。[38] 到我离开公司之前，我们于 2002 年募集的那只欧洲基金的总额达到了 50 亿欧元，[39] 2002 年后，安佰深又募集了 110 亿欧元的资金。

这就是金融市场的运作方式：新产品需要时间来获得认可，一旦获得认可，它们就会呈指数级增长。安佰深的增长得益于围绕养老基金的监管环境的变化、对创业者的激励措施的出台，以及政府对创业者和风险投资的支持。今天，对影响力投资的类似支持也将带来更大的资本流动。

9. 激发慈善组织和目标驱动型企业对影响力投资的需求

政府可以通过监管改革来增加影响力投资的供给，也可以通过支持慈善服务提供组织和目标驱动型企业的发展来激发对影响力投资的需求，毕竟我们希望释放的大量资金要有去处。政府可以为培育目标驱动型企业的孵化器和加速器提供资金支持，帮助它们做好接受影响力投资的准备，并予以指导，使它们能够规模化地发挥影响力。

这就是英国政府在 2015 年成立 Access 基金会（Access Foundation）的原因，其由 BSC 和大乐透基金（Big Lottery Fund）共同投资。这个规模达 1 亿英镑的基金会旨在帮助处于早期阶段的社会企业和慈善组织获得发展所需的资金。它通过两个主要项目来提供支持：一个是增长基金，为所支持的每个组织提供配套贷款和最多 15 万英镑的拨款支持；另一个是能力建设项目，目的是使影响力组织做好接受投资的准备。[40]

法国政府正致力于支持目标驱动型企业：2016 年，法国政府成立了 NovESS，这是一只规模达 1 亿欧元的投资基金，支持由公共资本和私人资本投资的影响力公司。先锋法国影响力（Pioneers French Impact）是一个国家级的社会创新加速器，计划在未来 5 年内筹集 10 亿欧元的资金，以支持目标驱动型企业的规模化发展。

在亚洲，韩国推出了新的政策，包括成立韩国普惠金融局（Korea Inclusive Finance Agency）这一公共机构，主要为解决社会问题的公司提供担保贷款。韩国中小企业公司（Small and Medium Business Corporation）自 2018 年初以来也在提供类似的贷款担保。[41] 此外，韩国社会企业促进署（Korea Social Enterprise Promotion Agency，KoSEA）作为政府组织，也为社会企业提供加速和孵化项目的支持。[42]

澳大利亚政府也已采取举措促进影响力投资市场的发展，尽管其中多数举措的规模还很有限。社会企业发展和投资基金（Social Enterprise Development and Investment Funds）项目于 2011 年由该国教育、就业和工作场所关系部（DEEWR）创建，[43] 初始拨款资金为 2000 万澳元，再加上等额匹配的 2000 万澳元私人投资，助力影响力投资市场扩张。[44]

在阿根廷，由生产和劳动部于 2017 年成立的风险投资基金 Fondece，将在未来 4 年向与影响力公司合作的风险投资基金和孵化器投资 1.72 亿美元。该国环境部还设立了国家项目 PROESUS 来支持创业者，特别是那些致力于可持续发展的创业者。

欧盟也在支持社会企业家：社会影响力加速器（SIA）是一只规模达 2.43 亿欧元的基金，专门为投资欧洲社会企业的社会影响力基金提供资金。[45]

就像美国的共益企业立法一样，一些国家也在定义新的法律形式方面取得了进展，从而让影响力投资者更容易识别出合适的公司。意大利最近对社会部门进行了改革，包括引入新的法律实体，类似于美国的共益企业，以及创立了 Impresa Sociale 模式，这一模式将目标驱动型企业也归类为社会企业，从而允许私人投资的目标驱动型企业像社会企业一样提供社会服务。法国也进行了类似的立法，其《推动企业增长与转型行动计划》（Pacte Law）创造了新的企业形式——使命企业（société à mission），允许企业把使命和利润（而不只是利润）都写进其章程里。[46] 阿根廷、巴西和以色列也在考虑制定类似的法律。[47]

大船掉头慢，方向手中攥

公众关心他们纳的税是如何使用的，以及他们的养老金是如何投资的。他们关心政府如何解决自己所在社区的社会和环境问题——从学校、医院到社会服务和环境保护。在全球范围内，我们现在已经充分认识到了全球气候危机迫在眉睫的威胁、环境破坏给人类和社会造成的恶果，以及不平等加剧对我们社会所产生的灾难性影响。

各国政府感受到了民众要求彻底变革的压力，认识到需要采取紧急行动。10 年前，我们不知道该如何改善我们的经济体系。现在，条件已经成熟了。经合组织 2019 年的一份报告显示，

> 10 年前，我们不知道该如何改善我们的经济体系。现在，条件已经成熟了。

政府必须发挥作用，通过制定影响力衡量和影响力报告标准、建设市场基础设施和引入投资者激励措施，促进和培育影响力市场。[48] 即使在这个政治极化的时代，左翼和右翼也都同意，我们必须借助市场力量、企业家精神和创新来实现更大的社会流动性，来更公平地分配机会和社会经济成果。

我们不能继续仅仅依靠政府和慈善来解决我们面临的问题，相反地，我们需要利用商业和投资的力量。正如当初美国政府的监管适应了新的风险思维，帮助风险投资成长，进而为技术革命提供了资金，今天的政府必须适应"风险－回报－影响力"的新思维，并利用监管权力加速这种模式的发展。这一次，政府获得的回报会更大，因为影响力投资会有效地带我们走上影响力经济的道路，而这种经济有能力为我们面临的巨大挑战带来解决方案。

在世界各地，无论持何种立场的政治势力，都会支持影响力倡议。例如，在英国，围绕社会投资的努力始于托尼·布莱尔和戈登·布朗领导的工党政府，但这种努力在戴维·卡梅伦领导保守党政府期间也仍然持续着。在美国，保罗·瑞安（Paul Ryan）和托德·杨（Todd Young）等共和党领导人与约翰·德莱尼（John Delaney）等民主党人一道，在美国政府预算中安排了1亿美元，为SIB的成果提供资金。[49]

一些政治家认为，政府看到所取得的成果然后再为相应的服务付费，这一做法很有吸引力，因为它可以将政府开支集中用于成本收益高的社会服务上。另一些政治家则被一些新想法所吸引，例如，利用金融市场减少不平等、改善人民生活和保护地球。无论你的意识形态动机是什么,你都会认识到,我们将迎来一场经济模式的根本性转变,这种转变会极大地改善我们的生活和环境。卓越的政治领导者想要抓住这一时机名垂青史,就必须领导我们做出历史性的转变,建立更公平和更有效的经济体系,以应对我们时代的巨大挑战。

有力的解决方案就在我们手中

我们的世界被不安和不确定性所困扰,这使许多国家的政府无所作为。然而,有一个有力的解决方案就在我们的掌握之中,它使政府能够更快地解决更大的问题,它就是影响力投资。

我相信,在 10 年或 20 年后,我们将看到政府支出的很大一部分将使用"为成果付款"的方式来实现预期的成果。政府将吸引私人部门的资金,为致力于应对我们所面对的最紧迫的挑战的社会服务组织提供资金。"为成果付款"的项目将取得更好的成果,而那些不奏效的项目自然会走到尽头;政府会知道什么是有效的,什么是无效的,以及它们应该支付多少成本来实现解决社会问题的成果。

最重要的是,政府将发现,利用影响力投资引导我们进入影响力经济,也符合它们自身的最佳利益。

政府是时候认真掌握"风险-回报-影响力"这一新模式,并从试水影响力投资演进到推动其大规模发展了。影响力革命的成功需要实现三个近期目标:企业和投资者广泛采用影响力衡量方法；创建一个强大的生态，推动投资流向影响力驱动型公司；政府支出转向"为成果付款"的模式。

引用19世纪西班牙诗人安东尼奥·马查多（Antonio Machado）的话："世上本没有路。路是走出来的。"现在是政府引导我们走上影响力投资的新道路，走向影响力经济和影响力资本主义的时候了。

第七章

影响力资本主义"看不见的心"

有志者事竟成,现在正是行动的时候。

在全世界，资本主义和民主都遭遇激烈挑战。越来越明显的是，目前的不平等水平是不可持续的。放眼全球，无论是在发达国家还是在新兴国家，许多人都在反对社会、经济和环境等方面成果的分配不公。

然而，我们不能指望政府和慈善家单独拿出急需的解决方案。各国政府也逐渐意识到，在拿出创新解决方案方面，它们能力有限，这就解释了影响力投资出现的原因——它展示了让经济体系变得更好需要做的事情。它还指明了通往新经济体系的道路。这个新经济体系能够以更公平的方式重新分配社会、经济和环境成果，可以利用自由市场和资本来实现增长，同时也可以帮助那些被日益繁荣的时代落下、困在原地的人们。影响力投资是影响力革命的先导，影响力革命会像曾经的科技革命一样，带来创新和颠覆。

> **影响力投资是影响力革命的先导，影响力革命会像曾经的科技革命一样，带来创新和颠覆。**

今天的不平等现象背后可能有一些政治原因，但主要还是由我们的经济体系造成的。在过去的200多年里，我们当前的资本主义推动了社会繁荣，让数十亿人摆脱了贫困。但如今，资本主义已不能再像从前那样带来广泛的经济发展和社会进步。资本主义对社会和环境造成的负面后果已变得如此严重，我们已无法再掌控它们。

在工业发展的早期阶段，政府尚可以应对工业化导致的负面的环境后果，但今天这些后果极为严重，必须有强有力的新方案才能应对。在我看来，为了系统性地改善社会和环境，必须扭转我们的资本主义体系，从我们今天所说的完全由利润驱动的"自私的资本主义"，转变为未来由利润和影响力双轮驱动的"影响力资本主义"。

为了实现这个目标，我们必须激励我们在本书不同章节中提及的五个利益相关方群体，它们每一个都要为促进真正的改变发挥作用。在我们这段旅途中，我们已经得出了以下结论：

- 我们不能仅仅通过修补现有的体系来解决我们的社会和环境挑战。
- 我们需要把影响力置于经济体系的中心，和利润并列，让它推动系统性正面成果的创造。
- 企业的影响力加权报表，能够可靠地反映其影响力，将成为"风险－回报"模型和"风险－回报－影响力"模型之间的分水岭。
- 运用"风险－回报－影响力"模型所产生的投资回报至少和运用"风险－回报"模型的一样好，而且很可能更好。
- "风险－回报－影响力"思维正在以一种和技术进步一样深远的方式影响创业、商业、投资、慈善和政府。
- 在年轻消费者、创业者和员工的共同推动下，"风险－回报－影响力"思维引发的连锁反应正在发生。这些推动者影响了投资人的行为,而投资人也与他们一起影响了企业、慈善家和政府的行为。
- 影响力投资开辟了通向影响力经济的道路。在这个过程中要使用影响力衡量,也要使用依赖影响力衡量的新工具(比如 SIB/DIB 和成果基金),还要依赖像影响力资本母基金这样的新组织,以及影响力创业者。
- 影响力资本主义和支撑它的影响力经济将会出现并取得成功,因为它们体现了新一代年轻人的价值观,他们明白我们的未来取决于影响力。

强大的新思想以前也曾带来过全新的变化。在 18 世纪晚期,让-雅克·卢梭(Jean-Jacques Rousseau)的《社会契约论》抨击了"君权神授"的观点,并认为应该由人民的意志来指导国家。他的著作激发了法国、美国和其他地方的政治改革和革命。在新建立的社会契约下,民主可以在政治领域保护每个人的权利。我们这一代人的挑战则是在社会和经济领域保护每个人的权利。

当卢梭向世界宣扬他的政治思想时,亚当·斯密(Adam Smith)在《国富论》中介绍了"看不见的手"这一理论。在他看来,"看不见的手"这个隐喻指的是在自由市场经济中,个人出于自身利益行事创造了商品供求的平衡,这种平衡符合每个人的最佳利益。从那以后,他的思想一直主宰着经济叙事。

事实上,亚当·斯密对《道德情操论》一书中的思想更为自豪。《道德情操论》出版于 1759 年,比《国富论》早 17 年。

在他的这部早期著作里,他试图为人类行为提供道德和伦理支撑。他论证说:"人无论被认为有多么自私,天性中显然还是有着某种情愫,会促使我们去关心别人的命运,从而把别人的幸福当作自己的幸福,尽管除了因看到别人幸福而感到开心之外,我们这么做得不到任何好处。"正是这一点构成了"看不见的心"。

正如我在本书的内容介绍中所言,假如斯密知道我们可以衡量我们现在所说的影响力,他可能会将这两部著作合并,描述一个单一的经济体系。在这个体系中,"看不见的心"引导着"看不见的手"。

《国富论》带来的新思想帮助我们的经济体系从重商主义(认为国家应该利用贸易和黄金积累来增强自身实力)转向了自由放任主义(认为国家干预经济活动是不明智的),后者一直盛行到20世纪30年代。大萧条之后,自由放任主义让位于约翰·梅纳德·凯恩斯关于"国家干预和调节经济"的新思想,即国家承担调整公共支出、利率和税收以维持充分就业的责任。

然后,在20世纪80年代,随着米尔顿·弗里德曼的新自由主义的出现,我们又回到了自由放任主义,它执着地强调政府不干预商业。这种思想从20世纪80年代一直盛行到2008年金融危机爆发,之后我们看到了新思想的出现——这一次是关于影响力的,以及公司有必要认识到它们对所有利益相关者的更广泛责任,而不只是对股东负责。

这就是关于"风险-回报-影响力"的新思想登上历史舞台的背景。在影响力经济中,通过监管、立法和确立起来的新规范,自由市场将在影响力的引导下,创造更多的机会,减少不平等,保护地球。在影响力经济中,商业和投资决策都基于"风险-回报-影响力"模型。若全世界的经济都转型为影响力经济,则将形成新的全球体系:影响力资本主义。

崇尚自私的资本主义和影响力资本主义之间的分水岭是影响力加权报表,它能够同时反映企业的影响力和财务表现。在这个分水岭之后,企业必须展示出自己的影响力诚信,才能蓬勃地发展。

我们每个人,无论是创业者、投资人、企业领袖、慈善家、社会部门工作者,还是政府官员,能做些什么来把影响力革命推向爆发点呢?纽约的伦斯勒理工学院(Rensselaer Polytechnic Institute)的科学家们发现,如果10%的人坚信一件事是真实的,那么最终大多数人会接受这个信念。[1] 以下是我们每个人可以为达到10%的爆发点,以及达到之后所能做的。

> 我们每个人,无论是创业者、投资人、企业领袖、慈善家、社会部门工作者,还是政府官员,能做些什么来把影响力革命推向爆发点呢?

1. 投资者

我们在前文讨论过,监管政策的变化可以对金融领域产生巨大的推动作用。我们必须广泛复制美国已经有的初步成功经验——在美国,监管政策的变化为基金会和养老基金的受托人进行影响力投资打开了大门。

监管改革将允许养老基金向投资者提供参与 ESG 和影响

力投资的机会，此举意义深远，应该作为我们的下一个目标。一种可能的方案是，世界各地效仿法国的"90/10"投资计划，出台新的监管规定，要求养老基金中90%的资金流向ESG，10%的资金用于影响力投资。

在我看来，当100家知名养老基金和基金会捐赠资金投资组合的10%配置了影响力投资的各种资产类别时，投资者的爆发点就会到来。要实现这一目标，我们需要得到越来越多的养老基金投资者的支持，他们希望自己的养老基金投资变得有意义。

2. 慈善家

正如我们所看到的，影响力投资正在积极颠覆基金会的"仅限拨款赠予"模式，并引入影响力慈善。基金会行业的领导者必须在两个方面以身作则。一方面，他们要在其捐赠资金的投资组合中配置影响力投资，从而引导世界各地的基金会都参与影响力投资；另一方面，他们要使用成果基金这一方式来部署一部分年度拨款赠予计划。

当50个世界领先的基金会将其捐赠资金的10%分配给影响力投资，并将其拨款赠予计划的10%分配给成果基金时，爆发点就会到来。

由慈善家支持的社会服务组织面临着增长方面的挑战——绝大多数此类组织的成立并不是为了大规模地提供服务。然而，影响力投资的到来引发了真正的变化：世界各地的非营利组织的领导者现在正在适应一个新的筹资环境——有大量的资金在等着他们。不过，他们首先需要招募大量具备合适技能来提供社会服务的人，让自己做好被投资的准备，才有可能筹集到这些资金。为此，他们需要慈善支持。

社会服务组织应该成为发动这场革命的一个引擎——这些组织的领导者应该思考如何吸引更多的影响力投资，以及如何大规模提供社会服务来帮助尽可能多的人，这将给社会部门的思维方式带来一场革命。

当 100 个知名社会服务组织有 10% 的支出是来自基于成果的合同提供的资金时，爆发点就会到来。

3. 创业者

尽管千禧一代是影响力革命的关键驱动者之一，但在世界的许多角落，他们仍没有融入这场革命，没有成为其中的一部分。我们必须支持影响力创业的发展，并普及"影响力独角兽"的概念，即一家估值 10 亿美元同时也改善了 10 亿人生活的公司。

当 10% 的初创企业将可衡量的影响力融入其商业模式，并获得 B 型企业认证时，影响力创业就会迎来一个爆发点。

4. 大公司

我们不应该期望大公司作为一个整体来领导影响力革命，要知道，像 IBM 这样的大公司并没有领导技术革命。尽管 IBM 曾主导着计算机市场，但它直到要被新的竞争对手超越时才意识到技术革命这一新机遇的存在。大多数大公司将加入这场影响力革命的主要原因是来自利益相关方的压力：消费者选择能产生正面影响力的产品，而且股东和员工也向公司施压，希望它们变成影响力驱动型公司。随着时间的推移，随着目标驱动型企业的激增，大公司将不得不效仿它们，否则就会被取代。当《财富》全球 500 强中的 50 家公司将其影响力表现与财务业绩结合起来衡量，并为自己设定可衡量的影响力目标时，爆发点就会到来。

5. 政府

当政府 10% 的服务外包支出和海外援助的决策是根据基于成果的合同做出时，爆发点就会到来。（基于成果的合同能吸引外部投资，并提高政府支出的效率。）

正如我们所了解到的，这些利益相关者团体中的每一个都已经在走向一个爆发点。事实上，影响力已经成为各方对话中的一个主流话题，这意味着采纳"风险-回报-影响力"思维的进度已经在加速了，可能未来 5 年之内就会迎来全局性的爆发点。另一个支持这个观点的现象是，越来越多的人已经认识到：我们需要调动 30 万亿美元开展影响力投资，这是到 2030 年实现 SDG 的唯一办法。

影响力投资助力 SDG

我们在第三章中讲到，ESG 和影响力投资的资金池已经达到 31 万亿美元，相当于全球可投资资产的 15%。

为了让 ESG 资金池真正为实现 SDG 做出贡献，最好的方式是将其转化为影响力投资。要做到这一点，我们必须能够衡量和比较不同公司产生的问题的大小,以及为解决这些问题做了多少贡献。正如我们看到的,影响力加权报表——把公司的影响力与相关的 SDG 联系起来的新型报表已经在开发中。政府已经发出了明确信号,公司将很快通过这种新型财务报表来衡量和报告其影响力。这会促使公司密切关注自己的影响力并收集用来衡量影响力的数据,进而做出更大努力,创造正面影响力。

第三章还提到,全球在股票交易所上市的公司的总市值是 75 万亿美元。[2] 如果到 2030 年,这些公司中有 1/3 发布了影响力加权报表,将促使它们更加努力地实现更多的正面影响力,这些总市值高达 25 万亿美元的公司就会积极地为实现 SDG 做出贡献。

将影响力衡量引入总计 100 万亿美元的债券市场,也将产生重大的影响。首先是绿色债券(与气候变化议题相关),紧随其后的是蓝色债券(与海洋保护议题相关),以及与教育公平、社会保障和性别平等议题相关的债券。例如,英国亚洲信托基金(British Asian Trust)的创始人查尔斯王子(Prince Charles)和该基金首席执行官理查德·霍克斯(Richard Hawkes)宣布启动一项 1 亿美元的性别债券,为南亚 50 万名妇女和女孩提供更好的教育、就业和创业机会。[3]

目前,绿色债券市场的规模约为 7500 亿美元,如果 10 年后,它们和其他衡量自身影响力的目标驱动型债券能够在价值 100 万亿美元的债券市场中占 10%,就将为公司里与 SDG 相关的项目带来 10 万亿美元的资金。

如果到 2030 年，哪怕 SIB 和 DIB 占到债券市场的 1%，这对 SDG 来说就意味着有 1 万亿美元的增量资金。最后，如果由风险投资、私募股权、房地产和基础设施组成的 5 万亿美元资金池中的 1/3 开始衡量和管理其影响力，这对 SDG 来说就意味着有另外 1.65 万亿美元的增量资金。这些私人资产类别加起来将为实现 SDG 新增 2.65 万亿美元。

如果把上述这些资金加起来，我们的影响力投资将超过 40 万亿美元，这一投资规模代表着资本主义运作方式的范式转变，我们应该高效地利用它来解决社会和环境问题。随着影响力投资规模增长到这一量级，"风险－回报－影响力"模型将深深地植入商业和投资思维中，改变我们的行为规范、经济体系，使我们更接近影响力经济。

影响力理念的时代已经到来

改革我们的既有体系至少需要 10 年，而且改革将分阶段展开：从影响力投资和影响力衡量开始，到发展影响力经济，再到构建起新的全球影响力资本主义体系。

作为这一转变的第一步，世界将需要拥抱"风险－回报－影响力"模型的力量，帮助投资者和公司为我们面临的紧迫问题找到解决方案。我们会逐渐认识到，当我们忽视私人部门造成的损害时，我们就会花费宝贵的资源来清理烂摊子。相比之下，当我们利用私人部门的力量做有益的事情时，我们就能加速社会进步，防止类似的混乱在未来发生。

第二步，为了引导私人部门努力产生大规模的正面影响力，各国政府将重新定义公司的目标，把创建正面的社会和环境影响力也包含在内。与此同时，各国政府将在政府采购中使用"为成果付款"的做法。

第三步，政府将出台政策，要求公司和投资者以"风险－回报－影响力"模型为基础进行运营和投资。减少不平等绕不开由政府对收入和财富进行再分配，但仅靠这一点是不够的，经济和社会成果的重新分配只能通过我们的经济体系来实现。影响力必须推动我们的经济更广泛地扩大机会和积极成果，并帮助那些落后的群体。

事实是，我们现有的社会契约已经到期了，我们现在正在以影响力资本主义的形式起草一份新的社会契约。金融市场、创业者和大公司的合力远超政府的力量，我们可以利用这些力量创造出我们迫切需要的解决方案。我们必须重塑资本主义，使其实现促进共同富裕和社会进步的承诺，为数十亿人提供有意义的经济机会，减少不平等，为子孙后代保护地球。

影响力投资启动了一个连锁反应，开始重塑我们的资本主义体系，建立一个对社会及环境影响力和利润一视同仁的世界。它证明了，寻求正面影响力并不一定意味着牺牲利润，相反，这种影响力还有助于带来更高的回报；具有影响力意识的公司对消费者、有才华的员工和投资人更有吸引力，也更有可能获得成功。

在平衡利己和利他中获得成就感。作为消费者、员工、创业者和投资者，我们创造正面影响力的动机来自参与一项超越了自身的、鼓舞人心的事业——帮助有需要的人，保护我们的星球。

想象一个不断进步的世界，一个不平等正在缩小的世界。在那里，自然资源可以再生，人们可以完全释放自己的潜能，从共同富裕中受益。这个世界不仅注重减少伤害，更注重行善。影响力已经带来改变：投资者和公司正变得更有社会意识和环境意识；影响力创业者有了获得影响力资本的渠道，从而可以大规模地实施自己的想法，改善人们的生活；政府正在看到利用私人部门进行创新的价值；慈善家们正在为实现切实的成果提供资金。

现在是我们发出声音，通过我们的选择产生影响力的时候了——从我们如何工作、购物和投资，到我们如何游说我们的政府。零星的干预是不够的，我们需要系统性的变革。现在是加快变革和要求更多变革的时候了。

影响力投资的时代已经到来。让我们超越今天的崇尚自私的资本主义，推翻利润至上的专制地位，让影响力和利润并驾齐驱，确保二者的协调统一，开启影响力资本主义的新时代。我们需要迅速行动，将数十亿人从困境中解救出来，并终止我们星球的衰落。有志者事竟成。现在，需求最迫切，时机最佳，开始行动吧。

术 语 表

Accelerator 加速器
创业加速器通过提供教育、指导和融资服务来支持处于早期阶段的成长型公司。

Benefit Corporation 共益企业
共益企业是美国的一种法定的企业形式,它使企业摆脱了利润最大化的义务,企业能够既赚钱又寻求影响力,而不必担心股东会采取法律行动。共益企业在做决策时,不必承担传统的股东委托责任,即必须尽全力将财务回报最大化。这样,共益企业可以在关注股东的财务回报的同时,兼顾员工、社区和环境利益。

Blended Finance 混合型融资[⊖]
混合型融资是运用拨款赠予(或与拨款赠予相同的工具)和来自私人或公共来源的其他融资形式相互补充,以提供资金,使项目在财务上可行或财务上可持续。

Angel Investor 天使投资人
天使投资人投资于小型初创企业或创业者。天使投资人提供的资本可能是一次性的投资以帮助推进业务,或持续注入资金以支持和帮助公司度过困难的早期阶段。

⊖ 正文中无相关内容。——编者注

Development Finance Institution (DFI)　开发性金融机构

开发性金融机构是专业开发银行，通常由政府控股。开发性金融机构投资于中低收入国家的私人部门项目，以促进就业和经济可持续增长。

Development Impact Bond (DIB)　发展影响力债券

发展影响力债券是新兴国家的 SIB，基金会和援助组织加入其中，单独或与政府一起为成果买单。

Dormant Accounts　休眠账户

休眠账户是指与所有者分离多年的银行账户或其他账户。休眠账户也被称为无主资产账户。

ESG　环境、社会和治理

ESG 是英文单词环境、社会和治理的首字母缩写，指的是有社会意识的投资人用来筛选投资项目的"环境、社会和治理"标准。环境标准评估一家公司在保护自然环境方面的表现。社会标准评估一家公司如何管理与员工、供应商、客户和所在社区的关系。治理标准评估一家公司的领导能力、高管薪酬、审计和内部控制，以及股东权利。投资者如果希望购买通过 ESG 标准筛选的证券，可以直接购买社会责任投资基金或者环境责任投资基金。

Fiduciary Duty　信托责任

信托责任是一个法律术语，描述的是两方之间的关系，一方有责任仅为另一方的利益行事。受托人对委托人负有法定责任，并需采取严格谨慎措施以确保受托人和委托人之间不发生利益冲突。

Fintech　金融科技

金融领域使用的科技手段，用于设计新的提供金融产品和服务的方式。

Government Commissioning　政府服务外包

政府将社会服务外包，属于政府采购的一种。

Government Procurement 政府采购

政府采购是指政府从企业和慈善性质的社会服务组织购买商品和服务的合同。

Green Bond 绿色债券

绿色债券是一种传统的债券,本质上是由包括个人在内的多个贷款人向一家公司发放的贷款,目的是为一个或多个环境项目提供资金。紧随绿色债券之后的是蓝色(海洋)债券、教育债券、社会债券和性别债券。

High Net Worth Individuals(HNWIs) 高净值人士

高净值人士(HNWIs)是金融服务行业用来表示资产超过一定规模的个人或家庭的一个类别。

Impact Capitalism 影响力资本主义

一种经济体系,由影响力和利润共同驱动,而不是只由利润驱动,从而实现全面系统的社会和环境改善。该体系的核心是影响力经济,通过支持性的监管和立法以及广泛的影响力衡量,来引导自由市场经济产生正面的影响力。与今天的自私资本主义相比,影响力资本主义使市场能够扩大机会,减少不平等,帮助保护地球。

Impact Economy 影响力经济

影响力经济将衡量社会和环境影响力纳入所有经济活动,并使这种衡量成为政府、企业、投资和消费决策的核心。

Impact Investment 影响力投资

有强烈意愿取得积极的社会和环境成果的投资,所取得的成果和财务回报一样可以被衡量。影响力投资在两个方面比 ESG 投资更深入:首先,它不仅要避免负面效果,还要创造正面效果;其次,它衡量它所产生的影响力。

Impact Investment Ecosystem　影响力投资生态系统

影响力投资生态系统由五个构建模块组成：影响力资本的提供者、中介机构、社会组织和目标驱动型企业对影响力资本的需求、政策和监管，以及影响力市场的建设者（例如影响力母基金、社会投资银行、咨询和会计公司）。这个生态系统驱动着所有与影响力相关的各方相互作用，产生积极的社会和环境影响力。

Impact Investment Wholesalers　影响力投资母基金

影响力投资母基金致力于创造可衡量的影响力，造福人类和地球。这是一个巨大的资金池，可以包括无主资产，为影响力基金、中介机构和社会企业提供资金。它推动影响力投资市场的发展，投资于融资有困难的影响力项目。

Impact Measurement　影响力衡量

衡量社会和环境成果，目的是使成果最大化。

Impact-Weighted Accounts　影响力加权报表

是一套升级的财务报表（包括损益表和资产负债表），既反映了一个公司的财务表现，又货币化地反映了该公司通过其产品、雇用员工和运营对人类和地球产生的影响力。

Incubator　孵化器

孵化器是一种合作项目，旨在帮助初创企业增长业务。孵化器帮助解决一些与创业有关的问题，通常包括提供工作空间、种子资金、指导和培训。

Institutional Investors　机构投资者

机构投资者是一个组织，代表其成员进行投资。例如，一只养老基金或一个保险公司都可以是机构投资者。

Intermediary　中介

一个实体（如一只基金），它从影响力投资者那里筹集资金，并投资于目标驱动型企业和慈善组织。一个中介机构也可以仅仅安排投资和提供建议，并不实际管理资金（比如影响力投资顾问或经纪人）。

Mission-Related Investment（MRI） 使命相关投资

使命相关投资（MRI）与项目相关投资（PRI）不同，其投资资金来自捐赠资金（Endowment）的 95% 的部分，由基金会持有并管理，而不是来自每年以拨款赠予形式捐赠出去的 5% 的部分。MRI 投资同时寻求社会和环境成果及财务回报。

Outcomes-based Contract 基于成果的合约

基于成果的合约是一种成功才付款的合同，在这种合同中，公共或慈善服务的提供者获得的报酬根据它们取得的成果来确定。基于成果的合约的期望是，通过只在取得特定成果时才付款这种安排，来提高服务的生产率。

Outcome Fund 成果基金

成果基金是一种为 SIB/DIB 以及其他形式的、基于成果的合约所取得的成果进行支付的慈善基金。它们可以由政府或者独立的成果基金管理人来设立和管理。成果基金的捐助人可以是政府、援助组织、慈善基金会，或三者的组合。

Pay-for-Outcomes 为成果付款

为公共或慈善服务的提供者所取得的成果付款的做法。"为成果付款"，也被称为"成功才付款"（pay-for-success），通常用来描述 SIB 和 DIB 等证券。

Principles of Responsible Investment（PRIs） 负责任投资原则

联合国发起的负责任投资原则（PRIs）是一套六项原则，为涉及 ESG 因素的负责任投资提供了全球标准。各组织遵循这些原则，即被视为在履行对受益人的承诺的同时，达到了将投资活动与更广泛的社会利益保持一致的要求。

Program-Related Investment（PRI） 项目相关投资

基金会为支持慈善活动而进行的投资，这种投资也有可能收回本金。项目相关投资包括贷款、贷款担保、联系存款、SIB、DIB，甚至是向慈善组织或目标驱动型企业的股权投资。由于它们对慈善事业的贡献很高，且涉及的财务风险很高，根据美国的法规，它们可以被视为拨款赠予，可计入基金会每年必须捐赠的 5% 的部分。

Public-private Partnerships 政府和社会资本合作

政府和社会资本合作是指政府机构和私人企业之间的合作，可以用于融资、建设和运营各种项目，例如公共交通网络、公园和会议中心。SIB 和 DIB 可以作为政府和社会资本合作的例子，即政府为取得的成果付款，而私人投资者提供前置资金。

Retail Investors 个人投资者

散户投资者，也被称为个人投资者，是通过传统或在线经纪公司买卖证券或基金的非专业投资者。

Social Impact Bond（SIB） 社会影响力债券

社会影响力债券，在美国被称为"成功才付款"契约（Pay For Success，PFS），在澳大利亚被称为社会效益债券（Social Benefit Bond，SBB），在法国则被称为社会影响力合约（Social Impact Contract，SIC），它并不是传统意义上的债券。它是成果付款人和社会服务提供组织之间为实现社会或环境成果而达成的基于成果的服务合约。一位投资人提供资金来帮助交付这些服务。

如果结果没有达到合约中设定的目标，投资人就会损失资金，他所提供的资金实质上就变成了他的慈善捐赠。如果达到了目标，投资人就能收回他们的资金，且实现的成果越好，回报也就越高。

Solidarity Fund（France） 团结基金（法国）

拥有超过 50 名员工的公司，除了常规储蓄计划外，还必须向员工提供一个可选的团结储蓄基金，该基金将其资产的 5% 到 10% 投资于符合条件的（未上市的）社会企业，其余部分用于 ESG 投资。

Sustainable Development Goals（SDG） 联合国可持续发展目标

2015 年，联合国制定了可持续发展目标，旨在建设一个更加公正和可持续的未来，改善我们的世界。这些目标预期到 2030 年实现，涉及 17 个领域，包括消除贫困和消除饥饿、人人享有水和能源、包容和公平的优质教育、环境管理和人权保护。

Unclaimed Assets 无主资产

无主资产是与所有者分离多年的金钱、投资或保险单。无主资产也被称为休眠资产。

Venture Capital 风险投资

对年轻的高成长公司所进行的投资，以为其启动和成长提供资金。

来源：

根据 GSG 的《促进影响力投资生态系统：政策制定者的工具包》(2019 年 1 月)（https://gsgii.org/reports/catalysing-an-impact-investment-ecosystem-a-policymakers-toolkit/）中的术语编写。

注　释

导言

[1] https://www.ubs.com/global/en/wealth-management/uhnw/philanthropy/shaping-philanthropy.html 和 https://cpl.hks.harvard.edu/global-philanthropy-report-perspectives-global-financial-sector
[2] https://www.academia.edu/32113970/IMPACT_INVESTMENT_THE_INVISIBLE_HEART_OF_MARKETS_Harnessing_the_power_of_entrepreneurship_innovation_and_capital_for_public_good
[3] https://ssir.org/articles/entry/should_you_agitate_innovate_or_orchestrate

第一章　影响力革命："风险-回报-影响力"模型

[1] http://www.socialvalueuk.org/what-is-social-value/
[2] https://www.forbes.com/top-public-companies/list/
[3] http://www.bridgesfundmanagement.com/wp-content/uploads/2017/12/Bridges-Annual-Impact-Report-2017-v1-web.pdf and http://www.bridgesfundmanagement.com/bridges-annual-impact-report-2017/
[4] 与所有者分离超过一定时间、处于休眠状态的银行账户。
[5] http://www.telegraph.co.uk/news/uknews/law-and-order/8110458/Three-in-four-offenders-stick-to-a-life-of-crime.html
[6] https://data.ncvo.org.uk/a/almanac15/assets/
[7] http://data.foundationcenter.org/
[8] https://www.fnlondon.com/articles/why-sir-ronald-cohen-deserves-the-nobel-peace-prize-20170801

9 https://www.brookings.edu/research/impact-bonds-in-developing-countries-early-learnings-from-the-field/ and https://www.gov.uk/guidance/social-impact-bonds#uk-government-outcomes-funds-for-sibs
10 http://eprints.lse.ac.uk/65393/1/Assessing%20social%20impact%20assessment%20methods%20report%20-%20final.pdf
11 https://www.gov.uk/guidance/social-impact-bonds
12 http://www.globalvaluexchange.org/
13 http://www.globalvaluexchange.org/valuations/8279e41d9e5e0bd8499f2da3
14 https://www.unpri.org/signatories/signatory-directory
15 https://www.blackrock.com/hk/en/insights/larry-fink-ceo-letter

第二章　影响力创业的时代

1 这个故事出自艾里恩·贝克（Aryn Baker）于2018年5月31日发表的文章《Zipline无人机拯救生命》（http://time.com/longform/ziplines-drones-are-saving-lives/）。
2 https://pando.com/2016/11/10/zipline/
3 信息源同上。
4 信息源同上。
5 信息源同上。
6 https://www.modernghana.com/news/899872/from-muhanga-to-the-rest-of-rwanda-how-zipline-is-providing.html
7 https://dronelife.com/2018/04/04/zipline-announces-new-drones/
8 信息源同上。
9 https://techcrunch.com/2019/05/17/ziplines-new-190-million-funding-means-its-the-newest-billion-dollar-contender-in-the-game-of-drones/
10 信息源同上。
11 信息源同上。
12 https://www.mirror.co.uk/tech/hi-tech-specs-allow-blind-7756188

13 https://www.orcam.com/en/media/blind-veteran-reads-to-his-sons-using-orcams-technology/
14 https://www.devdiscourse.com/article/international/473713-blind-and-visually-impaired-cast-their-ballots-unassisted-in-israel-election
15 https://www.ft.com/content/3d091920-0970-11e7-ac5a-903b21361b43
16 https://www.ft.com/content/b93ab27a-07e4-11e7-97d1-5e720a26771b
17 https://www.irishtimes.com/business/innovation/myeye-a-glimpse-of-the-future-for-visually-impaired-1.3380963
18 https://pressreleases.responsesource.com/news/96779/visually-impaired-student-is-achieving-independence-with-cutting-edge-artificial-vision/
19 https://www.reuters.com/article/us-tech-orcam-valuation/israeli-visual-aid-company-orcam-valued-at-1-billion-idUSKCN1G326E
20 信息源同上。
21 https://www.news.com.au/technology/gadgets/wearables/the-breakthrough-of-the-21st-century-how-this-product-changed-a-blind-womans-life/news-story/74f9881ed0f6f87a8797842bd982d1da
22 https://www.eastersealstech.com/2019/01/04/atu397-carlos-pereira-founder-and-ceo-of-livox/
23 https://solve.mit.edu/challenges/teachers-and-educators/solutions/4677
24 https://www.weforum.org/agenda/2018/01/this-man-made-an-app-so-he-could-give-his-daughter-a-voice/
25 信息源同上。
26 https://www.youtube.com/watch?v=MrpL6SrfgA8
27 https://solve.mit.edu/challenges/teachers-and-educators/solutions/4677
28 https://www.schwabfound.org/awardees/carlos-edmar-pereira
29 https://www.forbes.com/companies/tala/?list=fintech/#64ca4ec84c4d
30 https://www.fastcompany.com/40528750/these-entrepreneurs-are-taking-back-your-credit-score-from-the-big-credit-bureaus

31 信息源同上。
32 https://techcrunch.com/2018/04/18/with-loans-of-just-10-this-startup-has-built-a-financial-services-powerhouse-in-emerging-markets/
33 https://www.forbes.com/companies/tala/?list=fintech/#64ca4ec84c4d
34 https://www.forbes.com/sites/forbestreptalks/2016/08/29/how-tala-mobile-is-using-phone-data-to-revolutionize-microfinance/#1f8f38f82a9f
35 https://www.fastcompany.com/40528750/these-entrepreneurs-are-taking-back-your-credit-score-from-the-big-credit-bureaus 和 https://www.forbes.com/sites/forbestreptalks/2016/08/29/how-tala-mobile-is-using-phone-data-to-revolutionize-microfinance/#1f8f38f82a9f
36 https://static1.squarespace.com/static/57687604579fb3ab71469c8f/t/5bdc851b21c67c47f9f9a802/1541178690584/Tala+Impact+Report+-+11.18.pdf
37 https://www.forbes.com/sites/forbestreptalks/2016/08/29/how-tala-mobile-is-using-phone-data-to-revolutionize-microfinance/#1f8f38f82a9f
38 https://www.devex.com/news/a-look-at-digital-credit-in-kenya-and-why-access-alone-is-not-enough-93748
39 https://static1.squarespace.com/static/57687604579fb3ab71469c8f/t/5bdc851b21c67c47f9f9a802/1541178690584/Tala+Impact+Report+-+11.18.pdf
40 https://tala-mobile.squarespace.com/series-c-release
41 https://www.reuters.com/article/us-paypal-tala/paypal-backs-emerging-markets-lender-tala-idUSKCN1MW1MT
42 https://medium.com/tala/with-65m-tala-goes-global-q-a-with-shivani-siroya-founder-ceo-and-female-founders-fund-5c4d0699f350
43 https://academic.oup.com/bioscience/article/67/4/386/3016049
44 https://www.theguardian.com/news/2018/mar/26/the-human-microbiome-why-our-microbes-could-be-key-to-our-health
45 https://www.youtube.com/watch?v=f_P1uoV8R6Q
46 https://www.indigoag.com/product-performance-data

47 https://agfundernews.com/breaking-indigo-raises-250m-series-e-adding-grain-marketplace-to-farm-services-platform.html
48 https://www.youtube.com/watch?v=f_P1uoV8R6Q
49 信息源同上。
50 https://www.reuters.com/article/nigeria-unemployment-idUSL5N10T29Q20150902
51 https://www.techcityng.com/tolu-komolafe-andela-superwoman/
52 https://africacheck.org/reports/nigerias-unemployment-rate-18-8-widely-tweeted/
53 https://www.nytimes.com/2017/10/10/business/andela-start-up-coding-africa.html
54 https://www.cnn.com/videos/tv/2016/11/01/exp-gps-1030-andela-interview.cnn
55 https://medium.com/the-andela-way/hello-world-class-completing-the-andela-fellowship-ace88447d27e
56 https://borgenproject.org/tag/tolulope-komolafe/
57 https://venturebeat.com/2019/02/11/andela-will-use-ai-to-pair-african-developers-with-high-growth-startups/
58 https://www.bloomberg.com/news/articles/2019-01-23/al-gore-s-firm-leads-100-million-round-in-african-startup-andela
59 https://www.newyorker.com/magazine/2015/07/20/new-guys
60 https://www.ozy.com/rising-stars/if-she-has-her-way-the-next-bill-gates-will-come-from-lagos/71949
61 https://techcrunch.com/video/andelas-christina-sasson-growing-tech-talent-in-africa/
62 信息源同上。
63 https://www.forbes.com/sites/forbestreptalks/2018/01/12/andela-aims-to-solve-the-developer-shortage-with-tech-workers-from-africa/#45b9af91764e
64 https://techcrunch.com/video/andelas-christina-sasson-growing-tech-talent-in-africa/
65 https://techmoran.com/2015/06/25/spark-capital-makes-first-african-investmentleads-series-a-funding-for-andela/
66 https://techcrunch.com/video/andelas-christina-sasson-growing-tech-talent-in-africa/

67 https://www.prnewswire.com/news-releases/andela-raises-40m-to-connect-africas-engineering-talent-with-global-technology-companies-300533747.html
68 https://www.economist.com/special-report/2017/11/09/technology-may-help-compensate-for-africas-lack-of-manufacturing
69 https://www.bloomberg.com/news/articles/2019-01-23/al-gore-s-firm-leads-100-million-round-in-african-startup-andela
70 https://lifestyle.thecable.ng/tolu-komolafe-andela-programming/
71 https://www.washingtonpost.com/news/parenting/wp/2017/03/09/reading-writing-and-hunger-more-than-13-million-kids-in-this-country-go-to-school-hungry/
72 https://www.nytimes.com/2010/01/24/us/24sfpolitics.html?_r=0
73 https://www.washingtonpost.com/news/parenting/wp/2017/03/09/reading-writing-and-hunger-more-than-13-million-kids-in-this-country-go-to-school-hungry/
74 https://www.cdc.gov/features/school-lunch-week/index.html
75 https://www.nytimes.com/2012/09/30/jobs/revolution-foods-chief-on-healthier-school-meals.html
76 https://www.bostonglobe.com/metro/2017/07/23/fresh-start-for-boston-school-lunches/zt6N1DO2yFC5UwH2x0H1IM/story.html
77 https://www.fastcompany.com/3039619/revolution-foods
78 https://www.nytimes.com/2012/09/30/jobs/revolution-foods-chief-on-healthier-school-meals.html
79 http://time.com/2822774/revolution-foods-steve-case/
80 https://medium.com/kid-tech-by-collab-sesame/how-revolution-foods-is-democratizing-healthy-living-to-set-kids-up-for-success-b5184973e3e4
81 http://time.com/2822774/revolution-foods-steve-case/
82 信息源同上。
83 https://www.fastcompany.com/3039619/revolution-foods
84 https://www.crunchbase.com/organization/revolution-foods
85 https://www.bizjournals.com/sanfrancisco/news/2019/01/10/can-healthy-school-lunches-be-a-1-billion-idea.html
86 https://www.revolutionfoods.com/blog/being-a-b-corp-qa-with-co-founder-kirsten-tobey/

87 https://medium.com/kid-tech-by-collab-sesame/how-revolution-foods-is-democratizing-healthy-living-to-set-kids-up-for-success-b5184973e3e4

88 https://medium.com/kid-tech-by-collab-sesame/how-revolution-foods-is-democratizing-healthy-living-to-set-kids-up-for-success-b5184973e3e4

89 https://bridgesisrael.com/nazid-impact-food/

90 https://www.marketwatch.com/story/this-startup-seeks-to-identify-water-problems-before-they-become-crises-2019-03-22

91 信息源同上。

92 https://www.environmentalleader.com/2019/03/179490/

93 https://bombas.com/pages/about-us

94 https://www.elvisandkresse.com/pages/about-us-2

95 https://www.businessinsider.com/london-handbag-fire-hoses-recycled-fashion-accessories-sustainability-2019-5

96 信息源同上。

97 信息源同上。

98 https://www.bloomberg.com/news/articles/2019–04-17/tesla-s-first-impact-report-puts-hard-number-on-co2-emissions

99 https://thenextweb.com/cars/2018/06/05/this-indian-startup-is-taking-a-shot-at-becoming-the-tesla-of-electric-two-wheelers/

100 https://www.wsj.com/articles/the-fast-and-the-financed-chinas-well-funded-auto-startups-race-to-overtake-tesla-1513498338

101 https://www.bcorporation.net/what-are-b-corps

102 更多案例请见 http://benefitcorp.net/faq。

103 https://www.triplepundit.com/2014/03/emerging-legal-forms-allow-social-entrepreneurs-blend-mission-profits/

104 http://benefitcorp.net/policymakers/state-by-state-status

105 https://assets.publishing.service.gov.uk/government/uploads/system/uploads/attachment_data/file/727053/cic-18-6-community-interest-companies-annual-report-2017-2018.pdf 和 https://www.gov.uk/government/publications/cic-regulator-annual-report-2017-to-2018

106 https://www.ashoka.org/en-IL/about-ashoka

107 http://www.echoinggreen.org/about/

[108] https://endeavor.org/global-board/linda-rottenberg/

第三章 影响力投资建立新常态

1. http://www.gsi-alliance.org/wp-content/uploads/2019/03/GSIR_Review2018.3.28.pdf
2. https://www.climatebonds.net/2019/10/green-bond-issuance-tops-200bn-milestone-new-global-record-green-finance-latest-climate
3. https://www.climatebonds.net/files/reports/2019_annual_highlights-final.pdf
4. https://thegiin.org/assets/Sizing%20the%20Impact%20Investing%20Market_webfile.pdf
5. https://www.investopedia.com/advisor-network/articles/social-returns-just-important-millennial-investors/ 和 https://onwallstreet.financial-planning.com/news/millennials-want-their-investing-to-make-a-difference. Study from 2016
6. http://www.businessinsider.com/meet-blackrocks-impact-investing-team-2016-6
7. https://www.theatlantic.com/business/archive/2017/11/resource-generation-philanthropy/546350/
8. https://www.theguardian.com/business/2019/dec/02/directors-climate-disclosures-tci-hedge-fund
9. http://people.stern.nyu.edu/adamodar/pdfiles/valrisk/ch4.pdf (p.8–12)
10. https://www.ifc.org/wps/wcm/connect/76e6607a-11a4-4ae8-a36c-7116b3d9dab3/Impactprinciples_booklet_FINAL_web_4-12-19.pdf?MOD=AJPERES
11. https://www.impactprinciples.org/signatories-reporting as of November 2019
12. https://www.forbes.com/sites/bhaktimirchandani/2019/04/12/what-you-need-to-know-about-the-ifcs-operating-principles-for-impact-management/#7da3fd3126b7
13. https://www.ubs.com/global/en/wealth-management/uhnw/philanthropy/shaping-philanthropy.html 和 https://cpl.hks.harvard.edu/global-philanthropy-report-perspectives-global-financial-sector

[14] https://www.willistowerswatson.com/en-CA/insights/2019/02/global-pension-assets-study-2019
[15] https://bigsocietycapital.fra1.cdn.digitaloceanspaces.com/media/documents/Pensions_with_Purpose_Final.pdf 和 https://bigsocietycapital.com/latest/pensions-purpose/
[16] https://www.top1000funds.com/analysis/2017/02/01/pggm-apg-lead-dutch-sustainability-push/
[17] https://www.apg.nl/en/who-is-apg (as of April 2019)
[18] https://www.sdgi-nl.org
[19] https://news.impactalpha.com/dutch-pension-fund-moves-from-impact-alignment-to-impact-management-da2cab1c91c5
[20] https://www.top1000funds.com/analysis/2017/02/01/pggm-apg-lead-dutch-sustainability-push/ and https://www.top1000funds.com/analysis/2017/08/17/dutch-pension-funds-embrace-un-goals/
[21] https://news.impactalpha.com/dutch-pension-fund-moves-from-impact-alignment-to-impact-management-da2cab1c91c5
[22] https://www.ipe.com/countries/netherlands/engineering-scheme-introduces-real-assets-portfolio-targeting-25bn 10031069.fullarticle
[23] http://impactalpha.com/global-goals-european-pension-funds/
[24] https://www.ipe.com/countries/netherlands/europes-biggest-pension-fund-to-cut-33bn-of-tobacco-nuclear-assets/10022647.article 和 https://www.ipe.com/countries/netherlands/pgb-to-ditch-tobacco-from-its-investment-universe/10021218.article
[25] https://www.ipe.com/news/esg/uks-nest-adopts-climate-aware-fund-for-default-strategy/10017699.article
[26] https://www.top1000funds.com/2016/12/hsbc-pensions-innovative-dc-offering/
[27] https://www.ipe.com/pensions/investors/how-we-run-our-money-hsbc-uk-pension-scheme/10020454.article
[28] https://pressroom.vanguard.com/nonindexed/HAS18_062018.pdf
[29] https://evpa.eu.com/uploads/documents/FR-Nugget-90-10-Funds.pdf

30 https://thephilanthropist.ca/2018/07/more-than-a-million-french-using-their-savings-for-social-good-a-novel-approach-to-impact-investing-in-france/
31 http://www.smf.co.uk/wp-content/uploads/2015/09/Social-Market-FoundationSMF-BSC-030915-Good-Pensions-Introducing-social-pension-funds-to-the-UK-FINAL.pdf
32 https://www.calpers.ca.gov/docs/forms-publications/facts-about.pdf
33 https://www.calpers.ca.gov/page/investments
34 https://www.prnewswire.com/news-releases/assets-of-the-1000-largest-us-retirement-plans-hit-record-level-300402401.html
35 https://www.businessinsider.co.za/climate-action-100-gets-energy-giants-to-commit-to-sustainbility-2019-5
36 https://www.calstrs.com/investments-overview
37 https://www.calstrs.com/sites/main/files/file-attachments/calstrs_21_risk_factors.pdf
38 https://hbr.org/2018/01/why-an-activist-hedge-fund-cares-whether-apples-devices-are-bad-for-kids
39 https://www.ai-cio.com/news/japans-government-pension-fund-returns-4-61--fiscal-q3
40 https://www.youtube.com/watch?v=lz26q6fZ6dk (May 2019)
41 https://www.reuters.com/article/us-japan-gpif-esg/japans-gpif-expects-to-raise-esg-allocations-to-10-percent-ftse-russell-ceo-idUSKBN19Z11Y
42 http://www.ftserussell.com/files/press-releases/worlds-largest-pension-fund-selects-new-ftse-russell-index-integrate-esg
43 https://www.msci.com/documents/10199/60420eeb-5c4e-4293-b378-feab6a2bf77f
44 https://www.verdict.co.uk/private-banker-international/news/exclusive-ubs-tops-2016-global-private-wealth-managers-aum-ranking/
45 https://www.businessinsider.com/ubs-impact-fund-investing-in-bono-2017-7
46 https://citywireamericas.com/news/ubs-wm-americas-appoints-head-of-sustainable-investing/a1005975
47 https://www.ubs.com/global/en/investor-relations/financial-information/annual-reporting/2018.html

[48] https://www.ubs.com/global/en/wealth-management/chief-investment-office/investment-opportunities/sustainable-investing/2017/breaking-down-barriers-private-wealth-fund-sdgs.html
[49] https://align17.com/
[50] https://www.devex.com/news/usaid-announces-a-new-development-impact-bond-91621
[51] https://www.thirdsector.co.uk/british-asian-trust-announces-worlds-largest-impact-bond-education/finance/article/1492576
[52] https://www.frbsf.org/community-development/files/rikers-island-first-social-impact-bond-united-states.pdf
[53] https://www.goldmansachs.com/media-relations/press-releases/current/gsam-announcement-7-13-15.html
[54] https://www.fa-mag.com/news/goldman-says-esg-investing-has-gone-mainstream-35138.html?mod=article_inline
[55] https://www.bloomberg.com/news/articles/2020-02-26/carlyle-breaks-from-pack-promising-impact-investing-across-firm
[56] http://www.campdenfb.com/article/growth-millennial-driven-impact-investing-new-global-family-office-report-2017
[57] https://www.morganstanley.com/articles/investing-with-impact
[58] https://www.businesswire.com/news/home/20170613005829/en/Morgan-Stanley-Launches-Sustainable-Investing-Education-Financial
[59] https://www.ft.com/content/f66b2a9e-d53d-11e8-a854-33d6f82e62f8
[60] https://www.generationim.com/generation-philosophy/#vision
[61] https://www.triodos-im.com/
[62] https://www.crunchbase.com/organization/triodos-investment-management
[63] https://www.triodos-im.com/articles/2018/credo-bank-in-georgia
[64] https://www.triodos-im.com/articles/projects/do-it
[65] 曾用名"Bridges Ventures"。
[66] https://www.bridgesfundmanagement.com/wp-content/uploads/2019/07/Bridges-Impact-Report-2019-web-print-3.pdf

67 https://www.linkedin.com/company/bridgesfund management/?originalSubdomain=il
68 https://www.bridgesfundmanagement.com/our-story/
69 http://www.leapfroginvest.com/
70 http://www.dblpartners.vc/about/
71 https://www.crunchbase.com/organization/social-capital
72 http://www.aavishkaar.in/about-us.php#our-company

第四章 将影响力嵌入业务

1 https://www.reuters.com/article/us-danone-outlook-ceo/danone-looks-to-ride-healthy-food-revolution-wave-idUSKBN19D1GA
2 https://www.youtube.com/watch?v=PhuEtyH6SK43
3 https://www.just-food.com/interview/danone-ceo-emmanuelfaber-on-why-industry-mindset-on-health-and-sustainabilityneeds-to-change-just-food-interview-part-one_id137124.aspx https://www.youtube.com/watch?v=PhuEtyH6SK4
4 信息源同上。
5 信息源同上。
6 https://www.economist.com/business/2018/08/09/danone-rethinks-the-idea-of-the-firm
7 https://www.businessroundtable.org/business-roundtable-redefines-the-purpose-of-a-corporation-to-promote-an-economy-that-serves-all-americans
8 https://www.businessroundtable.org/about-us
9 https://www.oecd.org/inclusive-growth/businessforinclusivegrowth/
10 https://www.oecd.org/newsroom/top-global-firms-commit-to-tackling-inequality-by-joining-business-for-inclusive-growth-coalition.htm
11 https://www.unilever.com/sustainable-living/reducing environmental-impact/greenhouse-gases/innovating-to-reducegreenhouse-gases/#244-
12 http://www.buycott.com/
13 https://www.globalcitizen.org/en/content/buycott-conscious-consumer-app-of-the-week/

14 http://www.buycott.com/faq
15 http://www.mtv.com/news/2682766/buycott-app-where-groceries-come-from/
16 https://www.accenture.com/t20181205T121039Z__w__/us-en/_acnmedia/Thought-Leadership-Assets/PDF/Accenture-CompetitiveAgility-GCPR-POV.pdf#zoom=50
17 https://www.theguardian.com/society/2017/may/17/coca-cola-says-sugar-cuts-have-not-harmedsales
18 https://www.confectionerynews.com/Article/2018/05/18/Nestle-to-cut-more-sugar-and-salt-in-packaged-foods
19 https://www.just-food.com/news/mars-launches-healthy-snacks-goodnessknows_id130089.aspx
20 https://www.foodbev.com/news/mars-buys-minority-stake-kind-response-healthier-snacking/
21 截止到2018年，在英国、爱尔兰、德国、法国、荷兰、瑞士、巴西、阿根廷及乌拉圭。
22 信息源同上。
23 https://www.nestle.com/csv/impact/environment
24 https://www.environmentalleader.com/2009/05/new-dasani-bottle-made-partially-of-plant-material/
25 https://www.environmentalleader.com/2015/06/coca-colaproduces-worlds-first-100-plant-basedpet-bottle/
26 https://globenewswire.com/news-release/2016/05/31/844530/0/en/Bio-Based-Polyethylene-Terephthalate-PET-Market-size-over-13-Billion-by-2023-Global-Market-Insights-Inc.html
27 https://www.accenture.com/t20181205T121039Z__w__/us-en/_acnmedia/Thought-Leadership-Assets/PDF/Accenture-CompetitiveAgility-GCPR-POV.pdf#zoom=50
28 https://www.forbes.com/sites/andersonantunes/2014/12/16/brazils-natura-the-largest-cosmetics-maker-in-latin-america-becomes-a-b-corp/#7d0114c125a2
29 http://www.conecomm.com/research-blog/2016-millennial-employee-engagement-study
30 信息源同上，以及http://millennialemployeeengagement.com/。方法论：Cone Communications千禧一代员工参与度研究（Millennium Employee Engagement Study）的在线调查，由Toluna公司操作，于2016年4月11-20日进行。随机样本量为1020名

成人，包括510名男性和510名女性，年龄在20岁以上，都受雇于千人以上的公司。在95%置信度下，此样本量的调查误差不超过±3%。

31 https://hbr.org/2011/01/the-big-idea-creating-shared-value
32 https://www.sharedvalue.org/about-shared-value
33 https://www.huffpost.com/entry/the-big-idea-creating-sha_b_815696
34 https://money.cnn.com/magazines/fortune/fortune_archive/2007/02/19/8400261/index.htm
35 信息源同上。
36 劳拉·米歇里尼（Laura Michelini），《社会创新与新商业模式：在低收入市场创造共享价值》，2012年版第71页。
37 https://www.bloomberg.com/news/articles/2008-04-28/danone-innovates-to-help-feed-the-poorbusinessweek-business-news-stock-market-and-financial-advice
38 http://content.time.com/time/magazine/article/0,9171,2010077,00.html
39 信息源同上。
40 卡罗尔·马特拉克，《达能创新援助穷人》（《商业周刊》（网络版），2008年4月23日），参见 http://search.ebscohost.com.ezp-prod1.hul.harvard.edu/login.aspx?direct=true&db=heh&AN=31863578&site=ehost-live&scope=site。
41 http://content.time.com/time/magazine/article/0,9171,2010077,00.html
42 http://www.danonecommunities.com/index.php/portfolio_page/grameen-damone-food-limited/
43 https://www.ncbi.nlm.nih.gov/pmc/articles/PMC3671231/. 根据约翰·霍普金斯大学布隆博格公共卫生学院从2008年到2011年的一项研究。
44 http://content.time.com/time/magazine/article/0,9171,2010077,00.html
45 http://www.danonecommunities.com/
46 http://www.danonecommunities.com/index.php/alleviate-poverty-fr/
47 http://www.livelihoods.eu/es/about-us/
48 信息源同上。
49 信息源同上。
50 https://vimeo.com/36737411

51 信息源同上。
52 信息源同上。
53 https://www.fastcompany.com/40557647/this-food-giant-is-now-the-largest-b-corp-in-the-world
54 http://www.wealthandgiving.org/perspectives/2019/2/27/seeking-impact-five-years-on
55 http://www.danone.com/en/for-all/our-mission-in-action/our-unique-company/alimentation-revolution/
56 https://www.fooddive.com/news/danone-completes-acquisition-of-organic-foods-producer-whitewave/440356/
57 https://www.reuters.com/article/us-danone-outlook-ceo/danone-looks-to-ride-healthy-food-revolution-wave-idUSKBN19D1GA
58 信息源同上。
59 https://www.mckinsey.com/~/media/McKinsey/Business%20Functions/Sustainability/Our%20Insights/Toward%20a%20circular%20economy%20in%20food/Toward%20a%20circular%20economy%20in%20food.ashx
60 http://iar2017.danone.com/vision-and-ambition/contribution-to-the-uns-sdgs/
61 https://www.danone.com/impact/planet/towards-carbon-neutrality.html
62 https://www.mckinsey.com/~/media/McKinsey/Business%20Functions/Sustainability/Our%20Insights/Toward%20a%20circular%20economy%20in%20food/Toward%20a%20circular%20economy%20in%20food.ashx
63 https://www.wsj.com/articles/danones-deputy-ceo-faber-to-become-chief-executive-1409677620
64 https://www.youtube.com/watch?v=PhuEtyH6SK4
65 https://www.fastcompany.com/3068681/how-chobani-founder-hamdi-ulukaya-is-winning-americas-culture-war
66 信息源同上。
67 信息源同上。
68 信息源同上。
69 信息源同上。
70 https://www.ted.com/talks/hamdi_ulukaya_the_anti_ceo_playbook/transcript?language=en
71 信息源同上。

72 https://money.cnn.com/2016/01/20/news/refugees-business-davos-opinion/index.html
73 https://www.fastcompany.com/3068681/how-chobani-founder-hamdi-ulukaya-is-winning-americas-culture-war
74 https://www.nytimes.com/2018/08/24/business/hamdi-ulukaya-chobani-corner-office.html
75 https://www.nytimes.com/2011/02/17/business/media/17adco.html
76 https://www.nytimes.com/2018/08/24/business/hamdi-ulukaya-chobani-corner-office.html
77 信息源同上。
78 https://assets.ctfassets.net/3s6ohrza3ily/5Bry9Rm Mqnd4dF0Yxr8Vy/bbc8cc7867a831c569b355169325354e/COMP_2019_Sustainability_Project_v17.pdf
79 信息源同上。
80 信息源同上。
81 https://www.evesun.com/progress_folder/2019/pdf/progress9.pdf
82 信息源同上。
83 https://www.nytimes.com/2016/04/27/business/a-windfall-for-chobani-employees-stakes-in-the-company.html
84 https://www.forbes.com/sites/simonmainwaring/2018/08/27/how-chobani-builds-a-purposeful-culture-around-social-impact/#19e09b6e20f7
85 https://www.inc.com/christine-lagorio/chobani-founder-hamdi-ulukaya-founders-project.html
86 https://www.nationalgeographic.com/news/2017/07/plastic-produced-recycling-waste-ocean-trash-debris-environment/
87 信息源同上。
88 http://www3.weforum.org/docs/WEF_The_New_Plastics_Economy.pdf
89 https://www.adidas-group.com/media/filer_public/8e/f1/8ef142c7-ac01-4cb3-b375-875106168555/2019_adidas_x_parley_qa_en.pdf
90 https://www.cnbc.com/2018/03/14/adidas-sold-1-million-shoes-made-out-of-ocean-plastic-in-2017.html
91 https://www.racked.com/2018/3/15/17124138/adidas-recycled-plastic-parley

92 https://qz.com/quartzy/1598089/adidass-futurecraft-loop-is-a-zero-waste-sustainable-sneaker
93 https://www.engadget.com/2019/04/17/adidas-futurecraft-loop-recycled-running-shoes-sustainability-speedfactory/
94 https://www.fastcompany.com/90335038/exclusive-adidass-radical-new-shoe-could-change-how-the-world-buys-sneakers
95 信息源同上。
96 信息源同上。
97 信息源同上。
98 信息源同上。
99 https://www.engadget.com/2019/04/17/adidas-futurecraft-loop-recycled-running-shoes-sustainability-speedfactory/
100 http://highlights.ikea.com/2018/facts-and-figures/home/index.html
101 https://www.ikea.com/us/en/about_ikea/newsitem/022615_pr_making-solid-wood
102 https://www.reuters.com/article/us-ikea-sustainability/ikea-to-use-only-renewable-and-recycled-materials-by-2030-idUSKCN1J31CD
103 https://www.youtube.com/watch?v=rRXNRq5P9O0
104 https://www.ikea.com/ms/en_US/pdf/people_planet_positive/IKEA_Sustainability_Strategy_People_Planet_Positive_v3.pdf
105 https://news.theceomagazine.com/news/ikea-new-benchmark-renewable-furniture/
106 https://www.ikea.com/ms/en_US/pdf/people_planet_positive/IKEA_Sustainability_Strategy_People_Planet_Positive_v3.pdf
107 https://ftalphaville.ft.com/2019/02/20/1550638802000/Dis-assembling-IKEA-/
108 https://www.epa.gov/facts-and-figures-about-materials-waste-and-recycling/durable-goods-product-specific-data#FurnitureandFurnishings
109 https://www.bluebulbprojects.com/measureofthings/results.php?amt=9690000&comp=weight&unit=tns&searchTerm=9690000+tons

110 https://news.globallandscapesforum.org/32098/ikea-assembles-plan-to-reduce-emissions-in-the-atmosphere-by-2030/
111 信息源同上。
112 https://www.ft.com/content/da461f24-261c-11e9-8ce6-5db4543da632
113 信息源同上。
114 https://www.ft.com/content/da461f24-261c-11e9-8ce6-5db4543da632
115 信息源同上。
116 https://www.dwell.com/article/ikea-gunrid-air-purifying-curtains-81cf8714
117 https://www.ikea.com/ms/en_AU/this-is-ikea/people-and-planet/sustainable-life-at-home/index.html
118 http://highlights.ikea.com/2017/circular-economy/index.html
119 https://www.fastcompany.com/90236539/ikea-is-quickly-shifting-to-a-zero-emissions-delivery-fleet
120 https://www.consciouscapitalism.org/heroes/b-lab-founders
121 http://b-analytics.net/content/company-ratings
122 乔治·塞拉芬（David Serfeim）、DG朴（DG Park）、大卫·弗赖伯格（David Freiberg）、罗伯特·佐乔夫斯基（Robert Zochowski），《企业环境影响力：衡量、数据和洞见》，哈佛商学院工作文件，2020年3月出版。所有的排放数据都来自彭博或汤森-路透，对于这两个数据库中的任何一个缺失的排放数据，使用Exiobase的数据来计算这些数值。然后，这些排放数据（数量）与EPS的货币估值相乘（Steen，《环境影响力的货币估值》，CRC出版社，2019年），这也是公开的数据。
123 对于环境成本的计算：乔治·塞拉芬、DG朴、大卫·弗赖伯格、罗伯特·佐乔夫斯基，《企业环境影响力：衡量、数据和洞见》，哈佛商学院工作文件，2020年3月出版。百事可乐的用水量来自彭博社和汤森-路透的数据库。水价来自Waterfund, LLC。可口可乐的用水量来自可口可乐公司《2018年可持续发展报告》的第62页。https://www.coca-colacompany.com/content/dam/journey/us/en/policies/pdf/safety-health/coca-colabusiness-and-sustainability-report-2018.pdf
124 对于环境成本的计算：乔治·塞拉芬、DG朴、大卫·弗赖伯格、罗伯特·佐乔夫斯基，《企业环境影响力：衡量、数据和洞见》，哈佛商学院工作文件，2020年3月出版。埃克森的温室气体排放和用水量值来自彭博社数据库。荷兰皇家壳牌公司和英国石油公司的温室气体排放量和用水量的数值来自彭博社和汤森-路透的数据库。

125 对于环境成本的计算：乔治·塞拉芬、DG朴、大卫·弗赖伯格、罗伯特·佐乔夫斯基，《企业环境影响力：衡量、数据和洞见》，哈佛商学院工作文件，2020年3月出版。戴姆勒公司的温室气体排放值来自汤森路透数据库。通用汽车的温室气体排放量来自彭博社和汤森-路透的数据库。各家披露的销售收入来自Worldscope。

126 对于环境成本的计算：乔治·塞拉芬、DG朴、大卫·弗赖伯格、罗伯特·佐乔夫斯基，《企业环境影响力：衡量、数据和洞见》，哈佛商学院工作文件，2020年3月出版。福特公司的车队的油耗、尾气排放和销售量见SASB Index 2018/19. (https://corporate.ford.com/microsites/sustainabilityreport-2018-19/assets/files/sr18-sasb.pdf)。年度里程是基于美国运输部联邦公路管理局的行业假设 (https://www.fhwa.dot.gov/ohim/onh00/bar8.htm)。

127 通用磨坊公司的新闻稿 (https://www.generalmills.com/en/News/NewsReleases/Library/2015/February/health-metric)。

128 通用磨坊公司向SEC提交的年报《Form 10-K for 2018》。

129 《美国饮食指南》。

130 达里什·莫扎法里（Dariush Mozaffarian）等，《反式脂肪酸与心血管疾病》，《新英格兰医学杂志》，2006年4月13日。 https://www-nejm-org.ezp-prod1.hul.harvard.edu/doi/full/10.1056/NEJMra054035?url_ver=Z39.882003&rfr_id=ori%3Arid%3Acrossref.org&rfr_dat=cr_pub%3Dpubmed

131 https://www.ft.com/content/3f1d44d9-094f-4700-989f-616e27c89599

132 https://www.goodreads.com/quotes/43237-it-s-only-whenthe-tide-goes-out-that-you-learn

第五章　影响力慈善的曙光

1 https://www.bridgespan.org/bridgespan/images/articles/how-nonprofits-get-really-big/How-Nonprofits-Get-Really-Big.pdf?ext=.pdf

2 http://www.nonprofitfinancefund.org/sites/default/files/nff/docs/2015-survey-brochure.pdf
3 http://www.urban.org/sites/default/files/publication/43036/411404-Building-a-Common-Outcome-Framework-To-Measure-Nonprofit-Performance.PDF
4 https://www.gov.uk/government/uploads/system/uploads/attachment_data/file/486512/social-impact-bond-pilot-peterborough-report.pdf
5 https://metro.co.uk/2017/08/10/what-happens-when-you-finally-get-released-from-jail-one-former-prisoner-explains-6831114/ and https://www.nacro.org.uk/resettlement-advice-service/support-for-individuals/advice-prisoners-people-licence-sex-offenders-mappa/advice-for-prisoners/
6 最终彼得伯勒SIB要付出7.5%利息。英国政府在经过五年和两组各1000名释放人员的验证后，决定改革缓刑办公室以降低再犯罪率并节约监狱服务支出，并且把SIB模式改为付费服务模式。
7 https://www.brookings.edu/wp-content/uploads/2019/01/Global-Impact-Bonds-Snapshot-March-2020.pdf
8 信息源同上。
9 信息源同上。
10 https://www.bridgesfundmanagement.com/uks-first-social-impact-bond-fund-achieves-final-close-25m/ and https://www.bridgesfundmanagement.com/bridges-closes-second-social-outcomes-fund-at-extended-hard-cap-of-35m/
11 https://www.bridgesfundmanagement.com/outcomes-contracts/
12 https://www.bridgesfundmanagement.com/outcomes-contracts/
13 《英国医学杂志》上的一项纽卡斯尔大学的评估显示，幸福感得到了改善。而纽卡斯尔和盖茨黑德临床委员会的一份出版物显示，成本有所下降。
14 https://golab.bsg.ox.ac.uk/knowledge-bank/project-database/fair-chance-fund-west-yorkshire-fusion-housing/
15 https://www.youtube.com/watch?v=sJ-OfYW0hs&feature=youtu.be
16 https://www.kirkleesbetteroutcomespartnership.org/
17 https://impactalpha.com/prudential-kresge-and-steve-ballmer-back-maycomb-capitals-pay-for-success-fund/

[18] https://www.livingcities.org/blog/1203-how-massachusetts-s-new-pfs-project-will-help-make-the-american-dream-a-reality
[19] https://www.nytimes.com/2007/02/27/education/27esl.html 和 https://socialfinance.org/wp-content/uploads/MAPathways_FactSheet.pdf
[20] https://thewell.worlded.org/the-massachusetts-pathways-to-economic-advancement-pay-for-success-project/
[21] 社会金融美国公司。
[22] https://thewell.worlded.org/the-massachusetts-pathways-to-economic-advancement-pay-for-success-project/
[23] 信息源同上。
[24] 布鲁金斯学会全球影响力债券数据库，2020年1月16日。
[25] http://govinnovator.com/emily_gustaffson_wright/
[26] https://www.un.org/press/en/2019/dsgsm1340.doc.htm
[27] http://instiglio.org/educategirlsdib/wp-content/uploads/2015/09/Educate-Girls-DIB-Sept-2015.pdf
[28] http://www.instiglio.org/en/girls-education-india/
[29] https://www.brookings.edu/blog/education-plus-development/2018/07/13/worlds-first-development-impact-bond-for-education-shows-successful-achievement-of-outcomes-in-its-final-year/
[30] http://instiglio.org/educategirlsdib/wp-content/uploads/2018/07/Educate-Girls-DIB_results_brochure_final-2.pdf
[31] 信息源同上。
[32] https://www.brookings.edu/wp-content/uploads/2019/01/Global-Impact-Bonds-Snapshot-March-2020.pdf
[33] https://www.brookings.edu/research/impact-bonds-in-developing-countries-early-learnings-from-the-field/
[34] https://www.devex.com/news/icrc-launches-worlds-first-humanitarian-impact-bond-90981
[35] 教育委员会2017年报告——《学习的一代：为了变化的世界投资于教育》。
[36] https://www.livemint.com/Education/XRdJDgsAbwnSAH8USzyCWM/11-million-development-impact-bonds-launched-to-improve-edu.html, https://www.brookings.edu/blog/education-plus-development/2018/09/25/a-landmark-month-for-impact-bonds-in-education/, https://indiaincgroup.com/prince-charles-backs-new-education-bond-india/ 以及

https://www.britishasiantrust.org/our-impact/innovative-finance。
37 https://www.socialfinance.org.uk/projects/liberia
38 信息源同上。
39 引自他们的书——《超越更好：社会企业如何运作》。
40 https://www.fordfoundation.org/ideas/equals-change-blog/posts/unleashing-the-power-of-endowments-the-next-great-challenge-for-philanthropy/
41 https://www.rockefellerfoundation.org/our-work/initiatives/innovative-finance/
42 https://obamawhitehouse.archives.gov/blog/2016/04/21/steps-catalyze-private-foundation-impact-investing
43 http://www.legislation.gov.uk/ukpga/2016/4/section/15/enacted
44 https://www.appositecapital.com/mission/
45 https://www.gsttcharity.org.uk/who-we-are/our-finances/how-we-are-financed/our-endowment 和 https://www.gsttcharity.org.uk/what-we-do/our-strategy/other-assets/property-and-estates
46 http://www.fordfoundation.org/ideas/equals-change-blog/posts/unleashing-the-power-of-endowments-the-next-great-challenge-for-philanthropy/
47 使命相关投资是指基金会为实现它们的慈善目标所进行的投资。
48 https://nonprofitquarterly.org/can-ford-foundations-1-billion-impact-investing-commitment-alter-field/
49 https://www.fordfoundation.org/ideas/equals-change-blog/posts/unleashing-the-power-of-endowments-the-next-great-challenge-for-philanthropy/
50 https://efc.umd.edu/assets/m2e/pri_final_report_8-05-13.pdf
51 https://www.fastcompany.com/40525515/how-the-ford-foundation-is-investing-in-change
52 信息源同上。
53 https://ssir.org/articles/entry/eight_myths_of_us_philanthropy and http://data.foundationcenter.org/#/foundations/all/nationwide/top:assets/list/2015
54 https://www.fastcompany.com/40525515/how-the-ford-

foundation-is-investing-in-change
55 https://www.packard.org/wp-content/uploads/2015/10/Packard_MIR_2015OCT51.pdf
56 https://mcconnellfoundation.ca/impact-investing/
57 https://mustardseedmaze.vc/
58 https://knowledge.wharton.upenn.edu/article/from-backstreet-to-wall-st-ep-09/
59 http://www.blueorchard.com/sasakawa-peace-foundation-invest-blueorchards-flagship-fund/
60 https://www.forbes.com/sites/annefield/2015/02/26/f-b-heron-foundation-is-going-all-in/#6d2f79386d2f
61 https://www.forbes.com/sites/annefield/2017/03/30/mission-accomplished-how-the-heron-foundation-went-all-in/#405717a04d17
62 信息源同上。
63 https://nonprofitquarterly.org/nathan-cummings-no-longer-just-experimenting-impact-investing/
64 https://www.top1000funds.com/2019/05/foundations-should-invest-for-impact/
65 https://www.forbes.com/sites/laurengensler/2015/11/06/lisa-charly-kleissner-kl-felicitas-impact-investing/#3fa5c38138e7
66 https://toniic.com/t100-powered-ascent-report/
67 信息源同上。
68 http://www.toniic.com/100-impact-network/
69 https://www.bridgespan.org/insights/library/remarkable-givers/profiles/pierre-omidyar/don%e2%80%99t-start-a-foundation-pierre-omidyar-ignores-e
70 信息源同上。
71 信息源同上。
72 https://www.omidyar.com/financials。自成立至今的总承诺金额超过15.3亿美元。其中，盈利目的投资为7.13亿美元，非盈利拨款为8.22亿美元。
73 https://www.bridgespan.org/insights/blog/give-smart/impact-investing-ebay-founder-pierre-omidyar
74 http://skoll.org/about/about-skoll/
75 https://www.gatesfoundation.org/How-We-Work
76 https://sif.gatesfoundation.org/what-we-do/。说明：基金的投资列示为项目相关投资（PRI），其定义符合美国税务局对私人基金会慈善投资的规定。

77　http://www.investwithimpact.co/principal-venture-capital-bill-melinda-gates-foundation/
78　https://sif.gatesfoundation.org/impact-stories/empowering-women-strengthening-families/
79　https://beyondtradeoffs.economist.com/improving-lives-innovative-investments
80　http://www.investwithimpact.co/principal-venture-capital-bill-melinda-gates-foundation/
81　成立时的财富价值为450亿美元。https://www.businessinsider.com/mark-zuckerberg-giving-away-99-of-his-facebook-shares-2015-12。
82　https://www.facebook.com/notes/mark-zuckerberg/a-letter-to-our-daughter/10153375081581634/
83　https://www.macfound.org/press/press-releases/150-million-catalytic-capital-help-address-critical-social-challenges/
84　https://www.forbes.com/sites/kerryadolan/2019/04/16/questioning-big-philanthropy-at-the-skoll-world-forum-is-it-too-powerful-and-out-of-touch/#375764b76253
85　https://www.bertelsmannstiftung.de/fileadmin/files/user_upload/Market_Report_SII_in_Germany_2016.pdf
86　https://www.social finance-org-uk/resources/publications/portuguese-social-investment-taskforce-blueprint-portugal%22%80%99s-emerging-social

第六章　政府：更快地解决更大的问题

1　https://digitalcommons.pepperdine.edu/cgi/viewcontent.cgi?article=2448&context=plr
2　https://www.thebhc.org/sites/default/files/beh/BEHprint/v023n2/p0001-p0026.pdf
3　"催化一个影响力投资生态系统"。
4　https://www.equalityhumanrights.com/en/advice-and-guidance/reporting-requirements-uk, https://www.theguardian.com/sustainable-business/eu-reform-listed-companies-report-environmental-social-impact and https://carboncredentials.com/the-uk-transposition-of-the-non-financial-reporting-directive/

5 https://www.globalelr.com/2019/04/eu-issues-new-sustainable-investment-disclosure-rules/
6 信息源同上。
7 https://www.gov.uk/government/publications/social-impact-bonds-unit-cost-data
8 http://gsgii.org/wp-content/uploads/2018/10/GSG-Paper-2018-Policy.pdf
9 https://onevalue.gov.pt/?parent_id=25
10 http://www.globalvaluexchange.org/news/b07bcb501c
11 https://group.bnpparibas/en/news/social-impact-contracts-bnp-paribas-invests-social-innovation
12 http://gsgii.org/wp-content/uploads/2018/10/GSG-Paper-2018-Policy.pdf
13 信息源同上。
14 https://www.socialventures.com.au/sva-quarterly/how-government-can-grow-social-impact-investing/
15 https://commonslibrary.parliament.uk/research-briefings/cbp-7585/
16 "桥基金管理公司-社会成果契约", 2019。
17 https://www.csis.org/analysis/leveraging-impact-investment-global-development
18 https://www.gouvernement.fr/sites/default/files/locale/piece-jointe/2019/07/g7_financing_for_sustainable_development_declaration_cle0973b7.pdf
19 http://www.theimpactprogramme.org.uk/
20 https://www.cdcgroup.com/en/catalyst/
21 http://villageenterprise.org/our-impact/development-impact-bond/
22 https://www.devex.com/news/new-dib-brings-in-big-donors-provides-biggest-test-of-model-to-date-91137
23 https://www.bridgesfundmanagement.com/village-enterprise-closes-investment-for-first-development-impact-bond-for-poverty-alleviation-in-sub-saharan-africa/
24 https://www.civilsociety.co.uk/news/government-takes-next-steps-in-releasing-billions-of-pounds-in-dormant-assets.html
25 https://bigsocietycapital.com/impact-stories/
26 http://gsgii.org/wp-content/uploads/2018/10/GSG-Paper-2018-Wholesalers.pdf

27 https://www.reuters.com/article/us-japan-economy-impact-investment/japan-urged-to-tap-dormant-bank-accounts-to-promote-impact-investment-idUSKCN1G316H
28 http://gsgii.org/wp-content/uploads/2018/10/GSG-Paper-2018-Policy.pdf
29 https://www.gov.ie/en/publication/f24ad0-dormant-accounts-action-plan-2019/
30 https://impactinvesting.marsdd.com/unclaimed-assets/
31 https://nextcity.org/daily/entry/sba-program-seeks-to-change-venture-capital and https://independentsector.org/news-post/the-federal-government-and-impact-investing/
32 https://www.willistowerswatson.com/en-CA/insights/2019/02/global-pension-assets-study-2019
33 https://www.bigsocietycapital.com/what-we-do/current-projects/social-investment-tax-relief/get-sitr#SITR-case-studies
34 具体要看投资的类型和期限。https://www.taxpolicycenter.org/briefing-book/what-are-opportunity-zones-and-how-do-they-work。
35 只要不在5年内出售股份。https:// finansol.org/en/how-to-become-a-solidarity-based-saver-or-investor.php。
36 http://gsgii.org/wp-content/uploads/2018/10/GSG-Paper-2018-Policy.pdf
37 https://www.finansol.org/_dwl/social-finance.pdf
38 近似值 (https://www.poundsterlinglive.com/bank-of-england-spot/historical-spot-exchange-rates/gbp/GBP-to-USD-1981)。
39 Approximation (https://fxtop.com/en/historical-currency-converter.php?)
40 https://access-socialinvestment.org.uk/us/the-story-so-far/ and https://www.socialventures.com.au/sva-quarterly/how-government-can-grow-social-impact-investing/
41 http://koreabizwire.com/govt-to-boost-policy-support-for-social-impact-investments/116052
42 http://gsgii.org/wp-content/uploads/2018/10/GSG-Paper-2018-Policy.pdf
43 https://docs.jobs.gov.au/system/files/doc/other/sedife valuation.pdf

44 http://impactstrategist.com/case-studies/social-enterprise-development-investment-funds/
45 http://gsgii.org/wp-content/uploads/2018/10/GSG-Paper-2018-Policy.pdf
46 https://ssir.org/articles/entry/french_law_revisits_corporate_purpose
47 http://gsgii.org/wp-content/uploads/2018/10/GSG-Paper-2018-Policy.pdf
48 https://www.devex.com/news/opinion-the-impact-imperative-for-sustainable-development-finance-94142
49 https://www.responsible-investor.com/home/article/pay_for_success_the_latest_thinking_on_social_impact_bonds/

第七章 影响力资本主义"看不见的心"

1 https://news.rpi.edu/luwakkey/2902
2 证券行业和金融市场协会（SIFMA）。
3 https://www.bloomberg.com/news/articles/2019-02-05/british-prince-meets-bond-markets-for-women-empowerment-in-asia

管理人不可不读的经典
"华章经典·管理"丛书

书 名	作者	作者身份
科学管理原理	弗雷德里克·泰勒 Frederick Winslow Taylor	科学管理之父
马斯洛论管理	亚伯拉罕·马斯洛 Abraham H.Maslow	人本主义心理学之父
决策是如何产生的	詹姆斯 G.马奇 James G. March	组织决策研究领域最有贡献的学者
战略管理	H.伊戈尔·安索夫 H. Igor Ansoff	战略管理奠基人
组织与管理	切斯特·巴纳德 Chester Lbarnard	系统组织理论创始人
戴明的新经济观 (原书第2版)	W. 爱德华·戴明 W. Edwards Deming	质量管理之父
彼得原理	劳伦斯·彼得 Laurence J.Peter	现代层级组织学的奠基人
工业管理与一般管理	亨利·法约尔 Henri Fayol	现代经营管理之义
Z理论	威廉 大内 William G. Ouchi	Z理论创始人
转危为安	W.爱德华·戴明 William Edwards Deming	质量管理之父
管理行为	赫伯特 A. 西蒙 Herbert A.Simon	诺贝尔经济学奖得主
经理人员的职能	切斯特 I.巴纳德 Chester I.Barnard	系统组织理论创始人
组织	詹姆斯·马奇 James G. March	组织决策研究领域最有贡献的学者
论领导力	詹姆斯·马奇 James G. March	组织决策研究领域最有贡献的学者
福列特论管理	玛丽·帕克·福列特 Mary Parker Follett	管理理论之母

彼得·德鲁克全集

序号	书名	序号	书名
1	工业人的未来 The Future of Industrial Man	21 ☆	迈向经济新纪元 Toward the Next Economics and Other Essays
2	公司的概念 Concept of the Corporation	22 ☆	时代变局中的管理者 The Changing World of the Executive
3	新社会 The New Society：The Anatomy of Industrial Order	23	最后的完美世界 The Last of All Possible Worlds
4	管理的实践 The Practice of Management	24	行善的诱惑 The Temptation to Do Good
5	已经发生的未来 Landmarks of Tomorrow：A Report on the New "Post-Modern" World	25	创新与企业家精神 Innovation and Entrepreneurship
6	为成果而管理 Managing for Results	26	管理前沿 The Frontiers of Management
7	卓有成效的管理者 The Effective Executive	27	管理新现实 The New Realities
8 ☆	不连续的时代 The Age of Discontinuity	28	非营利组织的管理 Managing the Non-Profit Organization
9 ☆	面向未来的管理者 Preparing Tomorrow's Business Leaders Today	29	管理未来 Managing for the Future
10 ☆	技术与管理 Technology, Management and Society	30 ☆	生态愿景 The Ecological Vision
11 ☆	人与商业 Men, Ideas, and Politics	31 ☆	知识社会 Post-Capitalist Society
12	管理：使命、责任、实践（实践篇）	32	巨变时代的管理 Managing in a Time of Great Change
13	管理：使命、责任、实践（使命篇）	33	德鲁克看中国与日本：德鲁克对话"日本商业圣手"中内功 Drucker on Asia
14	管理：使命、责任、实践（责任篇）Management: Tasks, Responsibilities, Practices	34	德鲁克论管理 Peter Drucker on the Profession of Management
15	养老金革命 The Pension Fund Revolution	35	21世纪的管理挑战 Management Challenges for the 21st Century
16	人与绩效：德鲁克论管理精华 People and Performance	36	德鲁克管理思想精要 The Essential Drucker
17 ☆	认识管理 An Introductory View of Management	37	下一个社会的管理 Managing in the Next Society
18	德鲁克经典管理案例解析（纪念版）Management Cases(Revised Edition)	38	功能社会：德鲁克自选集 A Functioning Society
19	旁观者：管理大师德鲁克回忆录 Adventures of a Bystander	39 ☆	德鲁克演讲实录 The Drucker Lectures
20	动荡时代的管理 Managing in Turbulent Times	40	管理（原书修订版） Management (Revised Edition)
注：序号有标记的书是新增引进翻译出版的作品		41	卓有成效管理者的实践（纪念版）The Effective Executive in Action